Fabiano Pereira dos Santos
Ivan Fortunato

Com Quantos Dias Letivos se Faz uma Educação de Qualidade?

Uma Incursão pela História e Legislação Brasileira

EDITORA CIÊNCIA MODERNA

Com Quantos Dias Letivos se Faz uma Educação de Qualidade?
Uma Incursão pela História e Legislação Brasileira

Editor: Paulo André P. Marques
Produção Editorial: Dilene Sandes Pessanha
Capa: Daniel Jara
Diagramação: Daniel Jara
Copidesque: Equipe Ciência Moderna

FICHA CATALOGRÁFICA

SANTOS, Fabiano Pereira dos; FORTUNATO, Ivan.

Com Quantos Dias Letivos se Faz uma Educação de Qualidade?
Uma Incursão pela História e Legislação Brasileira

Rio de Janeiro: Editora Ciência Moderna Ltda., 2021.

1. Escola – Métodos de ensino 2. Pedagogia
I — Título

ISBN: 978-65-5842-067-5 CDD 371

Editora Ciência Moderna Ltda.
R. Alice Figueiredo, 46 – Riachuelo
Rio de Janeiro, RJ – Brasil CEP: 20.950-150
Tel: (21) 2201-6662/ Fax: (21) 2201-6896
E-MAIL: LCM@LCM.COM.BR
WWW.LCM.COM.BR **05/21**

Sobre os Autores

Fabiano Pereira dos Santos
fabianopereira@professor.educacao.sp.gov.br
http://lattes.cnpq.br/0639736880221018

Mestre em Educação pela Universidade Federal de São Carlos, campus Sorocaba, é graduado em Letras Vernáculas e Clássicas pela Universidade Estadual de Londrina e cursa Pedagogia pela Universidade Virtual do Estado de São Paulo. Atua como docente na Fundação Karnig Bazarian (FKB) e como Técnico do Acompanhamento Pedagógico na Coordenadoria Pedagógica (COPED) da Secretaria da Educação do Estado de São Paulo, sediado na Diretoria de Ensino região de Itapetininga, a partir de onde promove o acompanhamento dos processos de gestão pedagógica e formativos das diretorias regionais de ensino de Apiaí, Itapetininga, Itapeva, Itararé, Itu, São Roque, Sorocaba e Votorantim.

Ivan Fortunato
ivanfrt@yahoo.com.br
http://lattes.cnpq.br/ 8293044394759438

Doutor em Desenvolvimento Humano e Tecnologias e Doutor em Geografia, ambos pela Universidade Estadual Paulista Júlio de Mesquita Filho, Rio Claro. Pós-doutorado em Ciências Humanas e Sociais pela Universidade Federal do ABC. Coordenador do Grupo de Pesquisas Formação de Professores para o Ensino básico, técnico, tecnológico e superior (FoPeTec). Professor em regime de dedicação exclusiva do Instituto Federal de Educação, Ciência e Tecnologia de São Paulo (IFSP), campus Itapetininga. Professor permanente do Programa de Pós-Graduação em Educação da UFSCar, campus Sorocaba.

Apresentação

Este livro é o desdobramento da dissertação de mestrado apresentada à linha de pesquisa "Formação de Professores e Práticas Educativas" do Programa de Pós-graduação em Educação da UFSCar – Sorocaba[1], e está vinculado ao grupo de pesquisas "Formação de Professores para o Ensino Básico, Técnico, Tecnológico e Superior – FoPeTec[2]".

O FoPeTec é constituído por profissionais dos diversos níveis da educação, de maneira que as preocupações que perpassam as discussões são bastante diversas, pois emergem geralmente da prática profissional de seus integrantes. Entre os tópicos abordados nas discussões do grupo, a temática da legislação escolar revelou-se como uma possibilidade de pesquisa, mas também como uma demanda originada da atuação cotidiana como professores. Iniciávamos um processo de produção de uma pesquisa a partir da relação entre a função desempenhada na educação básica no estado de São Paulo (à época, na função de Professor Coordenador de Núcleo Pedagógico da Diretoria de Ensino da Região de Itapetininga, no âmbito da Secretaria de Educação do Estado de São Paulo) e a função desempenhada no ensino superior, como coordenador da formação pedagógica das licenciaturas do Instituto Federal de São Paulo, campus de Itapetininga.

Encontramos como elo a preocupação com a qualidade da educação brasileira. Com isso veio uma inquietação inerente ao tema, contudo praticamente silenciosa ao longo de toda história da educação nacional: a quantidade de educação. Isso quer dizer o tempo em que as crianças, os jovens e os adultos passam nas instituições de ensino: os dias letivos.

---

1 Fabiano Pereira dos Santos. Tempos Escolares e Qualidade da Educação na Legislação: uma incursão pela história. 2021. Orientação: Ivan Fortunato.

2 Registro no CNPq: https://dgp.cnpq.br/dgp/espelhogrupo/7562965087625574. Página na internet: https://fopetec1.wixsite.com/fopetec

Este livro é uma incursão pela história e seus documentos legais, tentando entender porque temos, hoje, 200 dias letivos nos calendários escolares. **E deixamos registrado que o presente trabalho foi realizado com apoio da Coordenação de Aperfeiçoamento de Pessoal de Nível Superior - Brasil (CAPES) - Código de Financiamento 001,** apoio sem o qual não seria possível sua publicação.

Itapetininga, maio de 2021.
Fabiano & Ivan.

Prefácio

É com grande prazer que apresento o livro de FABIANO PEREIRA DOS SANTOS e IVAN FORTUNATO, intitulado **"COM QUANTOS DIAS LETIVOS SE FAZ UMA EDUCAÇÃO DE QUALIDADE? UMA INCURSÃO PELA HISTÓRIA E LEGISLAÇÃO BRASILEIRA"**, resultado de um interessante trabalho de pesquisa e de reflexão dos autores, desenvolvido na linha de pesquisa "Formação de Professores e Práticas Educativas" do Programa de Pós-graduação em Educação da UFSCar – Sorocaba, vinculado ao grupo de pesquisas "Formação de Professores para o Ensino Básico, Técnico, Tecnológico e Superior – FoPeTec".

A preocupação básica dos autores, a partir de um questionamento inicial sobre o número ideal de dias letivos anuais, proposto nas legislações brasileiras, foi rastrear como Leis e Decretos foram estabelecendo, desde o Brasil Colônia até o momento em que este livro foi escrito, o que consideravam – e consideram – o tempo mínimo de escolarização necessário ao desenvolvimento dos conteúdos propostos num determinado período anual.

Tomando as categorias de tempo de escola, tempo de escolarização e tempo na escola como orientação, propõem uma nova categoria, a dos *tempos da escola*, baseada nos pressupostos de que, diante da possibilidade do desenvolvimento de uma cultura hegemônica, a escola atue como se a sociedade não portasse contradições e conflitos. E, embora reconheçam os riscos, também acreditam que a utilização dessa categoria dos tempos da escola possa evidenciar, além dos problemas implícitos, possibilidades de subversão da lógica dos tempos escolares. Ou seja, ao tratar os tempos da escola enquanto possibilidades de adesão dos processos educativos ao contexto social, os autores propõem que as práticas de educação formal não podem mais se restringir ao ambiente escolar, por si só, uma vez que esse vem servindo a outros propósitos além dos educativos, não raro afastando os estudantes de outros bens culturais que lhes são inacessíveis.

Enfim, para os autores, a escola não pode mais ser considerada como um espaço único de aprendizagem, mas precisa ser inserida em uma sociedade em que as práticas sociais acontecem realmente. Nessa perspectiva, é possível que a lógica dos tempos de escolarização historicamente segmentada, os tempos na escola restritivos cedam lugar a práticas educativas contextualizadas nas práticas sociais. Então, pesquisar os tempos escolares, para os autores, é estudar também o desenvolvimento cultural e educacional de uma época.

Já o título nos desperta inevitavelmente para a leitura e nos remete à questão proposta pelos autores: *por que os tempos escolares variaram ao longo da história da educação brasileira?* Para tanto, colocam como objetivo do trabalho "compreender as motivações das transformações dos tempos escolares e sua relação com a qualidade da educação ao longo da história da educação brasileira".

Empreendendo o necessário levantamento bibliográfico – e a partir daí -, os autores desenvolvem uma análise qualitativa, buscando conceituar epistemologicamente o entendimento do tempo escolar na literatura pedagógica produzida sobre o assunto, para então penetrar no estudo da história educacional e do tema a que se propuseram investigar. Para tanto, entenderam ser preciso, primeiro, esquadrinhar os sentidos de tempos escolares - perfeitamente explicados no decorrer do livro -, para analisar a dimensão quantitativa dos tempos escolares e sua repercussão para a qualidade da educação.

É importante destacar o ineditismo do tema, que já se expressa no título: a construção de uma linha do tempo da educação brasileira desde os primórdios do jesuitismo até a atualidade, que os autores organizaram com base em sete períodos históricos: Colonial, Segundo Reinado, Primeira República, Era Vargas, República Liberal, Regime Militar e Reabertura Democrática. Sempre sem perder, como norte, os objetivos propostos.

Em conclusão, este é um livro que não pode faltar no acervo bibliográfico de iniciados e leigos, porque, além da qualidade da escrita – clara e precisa - e da interpretação dos dados colhidos, instiga-nos com a propriedade e a importância de questões que nos conduzem à compreensão de temas tão importantes para o campo de ação e de reflexão sobre educação e ensino. E especialmente, sobre a História da Educação Brasileira.

Maria do Rosario Silveira Porto
Faculdade de Educação da USP
maio de 2021

Sumário

Introdução

Este livro é sobre a qualidade da educação a partir da investigação de um elemento pouco discutido na literatura: a quantidade de educação. Trata-se de tentar entender melhor o número de dias letivos expresso nos calendários escolares em sua relação com a própria escolarização. Assim, enquanto uma preocupação da prática profissional, a centralidade no tema desse livro se deu, inicialmente, em decorrência de um questionamento sobre o quantitativo de dias letivos mínimos anuais estabelecidos na Lei das Diretrizes e Bases da Educação Nacional (BRASIL, 1996). Na ocasião, eram discutidos os motivos que ensejavam a configuração do quantitativo de 200 dias, mas, conforme se procedeu com uma pesquisa exploratória e não foram encontradas respostas na literatura produzida sobre o assunto, assumiu-se a necessidade de analisar da legislação da educação (ora chamada educacional) de maneira regressiva, do período atual denominado Reabertura Democrática até abranger o Período Colonial.

Ao tratar da legislação, Pessanha e Silva (2014) afirmaram o seguinte:

> Os dispositivos jurídico-formais (leis e decretos) estabelecidos pelos fatores organizacionais são responsáveis pelas determinações do tempo escolar. Estes dispositivos, com seus regulamentos podem afetar a macroestrutura do tempo, pois por meio dele impõem os números de dias necessários ao processo de escolarização vivido na escola, o início e o fim do ano letivo. (PESSANHA; SILVA, 2014, p. 74).

Outrossim, a legislação a qual nos referimos não se restringe somente às leis e decretos, mas também ao conjunto de decretos-lei, normas, pareceres, dispositivos regulatórios, documentos norteadores, ou seja, conforme o entendimento de Miguel (2013), o qual a define como uma importante fonte de dados para os estudos historiográficos da educação. De acordo com o autor, "a busca da legislação, sua seleção e leitura rigorosa levam também à identificação de outras indagações que se colocam para os pesquisadores do campo da história da educação" (p. 2), que, por sua vez, exigem que se recorra a outras fontes de informação que não somente as leis e decretos. Concordamos com ele, ao mesmo tempo em que assumimos que, em busca pela resposta ao questionamento sobre motivo do quantitativo mínimo de dias anuais, o desvelamento das transformações da legislação educacional ao longo da história da educação do País revelou outros fatores que influenciavam tais mudanças, o que demandou a busca por outras fontes de informação. Doravante, diante dos deslindamentos observados durante o processo de pesquisa, assumimos como enfoque não mais o quantitativo de dias letivos anuais, mas os tempos escolares.

Outro fator que contribuiu diretamente para a condução dessa pesquisa está relacionado aos processos de construção dos tempos escolares, a respeito dos quais destacamos a importância de Parente (2010; 2006). Ao afirmar que as organizações temporais da escola são como engrenagens, pois decorrem de concepções e valores que movimentam as instituições e as pessoas que delas participam, a autora destaca que os tempos escolares são construções histórico-sociais e culturais. Por isso, ao assumirmos uma postura crítica neste texto, tendo como base o método materialista histórico dialético, cabe mencionar a noção de história que aqui se delineia, a qual pode ser entendida como um processo contraditório de desenvolvimento dos fenômenos sociais.

Isso implica que há um processo cumulativo sob a teia das relações sociais que se manifesta no cerne da história humana. Dado que o ser humano é um ser social e que se humaniza por meio do trabalho, transformando cumulativamente o seu mundo interno e externo, ele está investido, assim, de uma dimensão histórica. Por essa característica histórica, "o ser humano, por meio do trabalho, transmite às novas gerações da espécie aquilo que desenvolveu e que será incorporado por cada indivíduo objetiva e subjetivamente" (MARSIGLIA; LAVOURA; MARTINS, 2019, p. 45).

Por ser imanentemente humana e desenvolvida intencionalmente nos processos de transformação de seu meio, destaca-se a função da educação como elemento mediador intergeracional da cultura. Entendidos dessa forma, os processos educativos representam vias de transmissão da herança cultural de uma geração antecessora de um povo às gerações posteriores.

Nesse sentido, entendemos, tal qual o pensamento freiriano, que à educação cumpre o papel de emancipar os sujeitos, permitindo a eles ressignificar suas ações. Concebida dessa forma, a educação deve proporcionar aos sujeitos o reconhecimento das situações limites às quais estão submetidos para assim superá-las. Quer dizer, entendemos que a educação deve atuar em favor da superação de obstáculos que não permitem à classe oprimida se apropriar a contento dos bens culturais produzidos pela humanidade (FREIRE, 1987).

Ao longo da história humana a educação passou por um intensivo processo de institucionalização, de maneira a tornar-se representada, quase que exclusivamente, pelas práticas de ensino formalizadas, as quais ganharam corpo na escola, que tem o papel de socializar o saber sistematizado (MANACORDA, 1992). Como está condicionada às contradições próprias de seu desenvolvimento histórico, na sociedade brasileira a educação institucionalizada serviu como instrumento de distinção social durante um longo período, de maneira que foi e é motivo de disputa das classes sociais (RIBEIRO, 1992; ROMANELLI, 1986).

A expressão desse campo de disputas, por sua vez, se consubstanciou na legislação educacional. De tal forma, "a legislação enquanto fonte documental oficial aponta para a sua necessária vinculação com o Estado e então há que ser considerada como expressão possível do jogo de forças das classes sociais aí presentes" (MIGUEL, 2013, p. 9). Ora, para entendermos como esse embate de forças se traduz na transformação da legislação escolar, tendo consequências nas mudanças dos tempos escolares ao longo da história da educação nacional, formulamos o seguinte problema: *por que os tempos escolares variaram ao longo da história da educação brasileira?*

As discussões de Lima e Mioto (2007) sobre a pesquisa bibliográfica contribuíram para alcançarmos a resposta a essa questão no sentido de que reconhecemos a necessidade do levantamento da produção teórica pré-existente sobre os tempos escolares, tendo em vista a promoção de uma reflexão crítica sobre o objeto de estudos. Entendemos, pois, que nosso objeto de análise suporta em si contradições internas, as quais precisam ser delineadas a luz da teoria produzida sobre o assunto.

Contribui também para esta pesquisa Bukharin (1970), em seu estudo sobre o materialismo histórico, no qual pontua que em se tratando de entender as contradições internas e externas dos fenômenos a partir da abordagem dialética faz-se necessário que o objeto de estudos não seja tomado como algo pré-existente, tampouco como se tivesse uma forma fixa, mas como um processo. O autor assevera o seguinte: "para compreender um fenômeno [..] é preciso examiná-lo em sua origem (como, de onde e porque ele tem lugar), no seu desenvolvimento e no seu fim, em uma palavra, em movimento e não no decurso de um repouso imaginário" (BUKHARIN, 1970, p. 67).

Em posse desse conhecimento, as discussões iniciais partem dos resultados do levantamento bibliográfico, a partir do qual desenvolvemos uma análise qualitativa com o que buscamos conceituar epistemologicamente o entendimento do tempo escolar na literatura pedagógica produzida sobre o assunto para então imergir no estudo da história educacional.

Entendemos que uma pesquisa de caráter qualitativo carrega consigo a necessidade da negação da neutralidade, reconhecendo, conforme Fortunato (2017), que das zonas fronteiriças de uma pesquisa científica de abordagem qualitativa decorre a impossibilidade da imparcialidade em nossas interpretações. Buscamos, por isso, orientar o foco de análise para a conceituação do tempo como uma construção sócio-histórica e cultural. Como já foi delineado, assumimos que os tempos escolares trazem consigo contradições internas, por isso não podemos ignorar que múltiplas determinantes se influenciam em seu processo de construção.

Sem a pretensão de entender a completude das determinantes que influenciam no processo de construção dos tempos escolares, nos dedicamos a entender as relações deles com a qualidade da educação. Assim, a partir da leitura da legislação e da produção historiográfica da educação, as quais analisamos com o olhar de um sujeito do século XXI, diante do referencial teórico adotado (ELIAS, 1998; VIDAL, 2000; FERREIRA; ARCO-VERDE, 2001; GOUVEIA, 2004; FILHO; MIRANDA, 2005; PARENTE, 2010; 2006; FILHO; BERTOLUCCI, 2009; TEIXEIRA; LEAL, 2009; PESSANHA; SILVA, 2014), procuramos analisar algumas contradições oriundas do entrecruzamento das pretensões anunciadas na legislação educacional e suas decorrências nos dias atuais.

Destacamos que, no intento de analisar as contradições entre os tempos escolares e a qualidade da educação, ao assumir uma visão sócio-histórica e cultural sobre os tempos escolares, procedemos da mesma forma no que se refere à qualidade da educação. Em decorrência disso, não podemos deixar de destacar que, ao analisar qualitativamente o processo de construção das concepções de qualidade da educação, assumimos como ponto de partida a categoria qualidade da educação socialmente referendada, conforme o entendimento de Dourado, Oliveira e Santos (2007), Dourado e Oliveira (2009), Gadotti (2010) e Soares (2016).

Com esses autores, nos respaldamos na concepção interdimensional e polissêmica no que se refere aos atributos contemporâneos da qualidade da educação e, investidos desse olhar, procuramos atingir o seguinte objetivo geral: *compreender as motivações das transformações dos tempos escolares e sua relação com a qualidade da educação ao longo da história da educação brasileira.*

Esse objetivo principal perpassa todos os capítulos do livro, tendo como desdobramento os seguintes objetivos específicos: (i.) analisar e compreender as diferentes concepções de tempo escolar e qualidade da educação presentes no campo educacional; (ii.) compreender como as mudanças na legislação repercutiram nas transformações dos tempos escolares; (iii.) identificar os fatores relacionados aos tempos escolares em relação à qualidade da educação em cada período analisado, a partir do olhar histórico do hoje; e (iv.) entender qual a repercussão das mudanças na legislação educacional para a construção dos tempos escolares nos dias atuais.

Para alcançar os objetivos propostos foi preciso, primeiro, esquadrinhar os sentidos de tempos escolares. Dessa forma, nos respaldamos nas três categorias elencadas por Parente (2010; 2006): (i.) os tempos de escola: início e duração do processo de escolarização; (ii.) tempos de escolarização: divisão de graus e classes de ensino (segmentos, etapas, níveis, ciclos) que abrangem o processo de formação completo; e (iii.) tempos na escola: maneiras de as instituições organizarem seus projetos educativos. Cabe ressaltar que nos centramos nas três categorias tendo em vista analisar a dimensão quantitativa dos tempos escolares e sua repercussão para a qualidade da educação. Isso se justifica pela possibilidade de entrecruzamento das informações que foram feitas entre os atributos da qualidade da educação associados aos tempos escolares expressos na legislação selecionada para este estudo.

Não obstante, no que concerne a temática da qualidade da educação, também desenvolvemos uma revisão bibliográfica, tendo como orientação os pressupostos da fundamentação epistemológica assumida. No que tange a esse tópico de estudos, procuramos explorar diferentes concepções de qualidade da educação assumidas atualmente por estudiosos da temática selecionados por nós, o que nos fez perceber seu caráter interdimensional e polissêmico, de forma a concebermos as qualidades da educação em sentido plural (DEMO, 2007; DAVOK, 2007; DOURADO; OLIVEIRA; SANTOS, 2007; DOURADO; OLIVEIRA, 2009; GADOTTI, 2013; SOARES, 2020).

Dessa forma, em nossa análise bibliográfica, nos alinhamos à concepção de qualidade da educação proposta por Dourado, Oliveira e Santos (2007), conforme já anunciamos. A partir dessa concepção, procuramos entender quais fatores dos tempos escolares são considerados, nos dias de hoje, como atributos de uma educação de qualidade que podem ser identificados na historiografia da legislação nacional aqui desenvolvida.

Assim, a partir do olhar histórico do hoje, identificamos os atributos temporais da qualidade da educação veiculados na legislação da educação nacional, em diálogo com as concepções, princípios e finalidades que os legitimam em cada período. De tal feita, intencionamos entender o lugar ocupado pelos tempos escolares nas preocupações expressas na legislação educacional, a partir da análise de viés qualitativo e quantitativo.

A opção pelas categorias de tempos escolares e qualidades da educação utilizadas para nossa análise se justifica em seu entrecruzamento, pois, ao definirmos quantitativamente a expressão dos tempos de escolarização a partir da leitura da legislação educacional desenvolvemos material para analisar a relação entre o quantitativo e o qualitativo. Ou seja, considerando os tempos escolares como atributos da educação de qualidade na legislação analisada neste texto. Assim, com base na análise das concepções, princípios e finalidades educativas veiculados por meio da legislação estabelecemos o que se entendia por qualidade com relação aos tempos escolares.

Tendo em vista a organização sistemática de nossas análises, tal como o objetivo geral anunciado, a partir da leitura das produções de Ribeiro (1992), Romanelli (1986) e Shigunov Neto (2015), procedemos à busca de dados sobre a legislação educacional que tratou dos tempos escolares. Como os autores não coincidiam em suas periodizações da história da educação nacional, consideramos necessário adotar um parâmetro organizativo próprio para estabelecer nossas reflexões sobre os seguintes documentos: Constituições da Companhia de Jesus/1550, *Ratio Studiorum*/1599, Decreto 1.331-A/1854, Decreto 981/1890, Decreto 11.530/1915, Decreto 16.782- A/1925, Decreto 19.890/1931, Decreto-lei 8.347/1945, Decreto-lei 8.529/1946, Lei 4.024/1961, Lei 5.692/1971, Lei 9.394/1996, Lei 13.415/2017 e Parecer CNE/CP 5/2020.

Diante disso, delimitamos agrupamentos cronológicos, os quais foram determinados a partir dos estudos de História do Brasil de Goyena Soares (2016a; 2016b), e expressos em nossa construção da seguinte linha do tempo:

Figura 01: Linha do tempo com os títulos das leis e decretos, a quantidade de dias mínimos anuais, o ano de publicação do dispositivo legal e o período da história do Brasil.

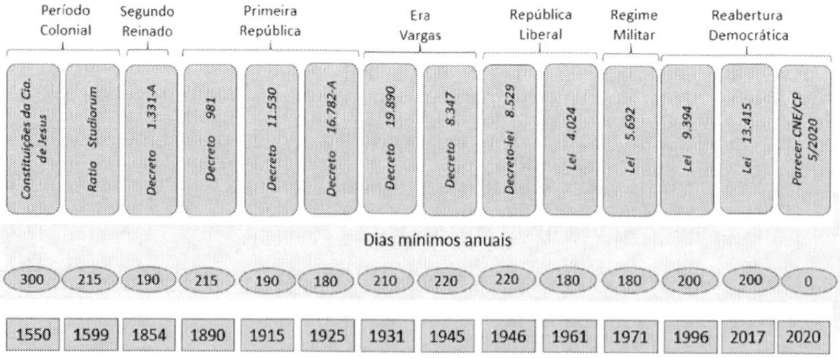

Essa linha do tempo foi organizada com base em sete períodos históricos, a citar: Colonial, Segundo Reinado, Primeira República, Era Vargas, República Liberal, Regime Militar e Reabertura Democrática. Utilizamos a periodização proposta por Goyena Soares (2016a; 2016b) com a finalidade de tratar as informações dos documentos de forma a inseri-los nos períodos históricos em que foram publicados. Vale a pena destacar que essa contextualização mais ampla não descartou a necessidade de que fossem utilizados os estudos historiográficos da educação elaborados por Ribeiro (1992), Romanelli (1986) e Shigunov Neto (2015), a partir do que estabelecemos num panorama geral, utilizado nos encaminhamentos de nossa investigação.

Quanto ao período Colonial, por exemplo, destacamos a administração da educação nacional pelos jesuítas, ao que percebemos a influência dos feriados religiosos na configuração dos tempos educacionais. No Segundo Reinado, dado o projeto de nação que foi se fortalecendo, destacou- se a educação formal como um bem inacessível para a maior parte da população. O que permaneceu, e talvez se intensificou, na Primeira República, com a alternância de poder presidencial entre os governadores de São Paulo e Minas Gerais. Na Era Vargas, com os ideais nacional-desenvolvimentistas de Getúlio Vargas, apresentou-se um momento de investimentos na educação de base da população que despertou debates prolongados até a República Liberal, quando se deu a publicação da primeira das Leis de Diretrizes e Bases (LDB) em 1961 (BRASIL, 1961). Diante do Golpe Militar de 1964, o período da Ditadura Militar foi marcado pela supressão dos direitos dos cidadãos e por uma política educacional pautada no tecnicismo, oriundo das parcerias entre o Ministério da Educação brasileiro (MEC) e o *United States Agency for International Development* (USAID). Com a Reabertura Democrática, os anseios da população tal como das organizações internacionais foram contemplados em parte, tendo sido traduzidos em diversos documentos da legislação, principalmente a partir da publicação da Lei 9.394/1996 (BRASIL, 1996; RIBEIRO, 1992; ROMANELLI, 1986; SHIGUNOV NETO, 2015; PALMA FILHO, 2015; GOYENA SOARES 2016a; 2016b; GATTI, 2007, GADOTTI, 2013; SOARES, 2020).

A elaboração desse modelo não eliminou a necessidade de desprendimento de esforços analíticos, os quais, por meio do ato reflexivo, ensejaram uma síntese primordial para nossa compreensão global do fenômeno em estudo. Especificamente em relação à interpretação da legislação da educação nacional, muitas vezes, os dias mínimos anuais não foram estabelecidos de maneira objetiva. Por isso, efetuamos cálculos de dias letivos com base nas informações textuais, para se atingir um valor aproximado do que era previsto nas normativas. É o que foi feito desde o Período Colonial até a Primeira República, sendo que a objetivação dos tempos escolares em maiores detalhes se deu somente a partir da publicação da Lei 4.024/1961 (BRASIL, 1961).

De tal feita, quando houve a necessidade de se proceder com os cálculos utilizamos as informações disponíveis nos artigos da legislação analisada que se referiram a determinados períodos, com o início e o fim objetivados em dias do calendário anual. A partir disso, em determinados documentos analisados estimamos um quantitativo total de dias letivos no ano, subtraindo ora os domingos e feriados estabelecidos como dias de descanso no próprio documento, ora recorrendo a outras normativas em nível nacional ou estadual, o que se mostrou necessário para confirmar a existência ou não de aulas aos sábados.

Dada essa necessidade, vale destacar que, de acordo com nossa análise, a questão temporal foi se tornando cada vez mais organizada, à medida que as relações em torno da educação escolar oficial foram sendo cada vez mais institucionalizadas. Isso pode ser verificado nos textos da Lei de 1961 (BRASIL, 1961) e de 1971 (BRASIL, 1971), assim como da LDB de 1996 (BRASIL, 1996) e do Decreto 13.415 de 2017 (BRASIL, 2017) que a complementa, de maneira que nesses documentos foram levados em consideração também o quantitativo de horas totais anuais para cada segmento/ciclo de ensino.

Quando o quantitativo de horas não foi estabelecido objetivamente nos documentos recorremos à leitura de referenciais bibliográficos, tal como em Teixeira e Leal (2009). Essas nuances da questão temporal foram tratadas com maior rigor ao longo deste livro, de forma a considerarmos os quatro elementos destacados na linha do tempo, ou seja, a periodização histórica, a legislação publicada, o quantitativo de dias e o ano de publicação, sem desprezar o início do período de escolarização.

Com base nos agrupamentos, encaminhamos nossa análise dos tempos escolares por período da História Brasileira de acordo com as três categorias propostas por Parente (2010), as quais desdobramos nos seguintes fatores relacionados a elas, quais sejam: (1) tempo de escola – início da escolarização anunciado, ou não, na legislação; (2) tempo de escolarização – (a) divisões dos segmentos/níveis de ensino, dos ciclos de ensino; (b) anos destinados a cada nível ou ciclo; (c) divisão dos tempos dentro de um mesmo ano; (3) tempo na escola – (d) quantidade de dias letivos; e (e) carga horária anual.

Em seguida, procuramos entender a preocupação com os atributos de qualidade da educação assumidos em nossa análise, ao que tomamos como ponto de partida a qualidade socialmente referendada, identificados por Dourado e Oliveira (2009), relacionados às categorias de tempo de escola, tempos de escolarização e tempos na escola (PARENTE, 2010; 2006). Ademais, relacionamos os fatores contemplados nas três categorias à quantidade e qualidade. Como instrumento da nossa análise, utilizamos as informações levantadas ao longo dos capítulos anteriores, as quais organizamos da seguinte forma: (i.) agrupamentos de períodos e na legislação correspondente; (ii.) concepções educativas; (iii.) princípios educativos; (iv.) finalidades da educação; (v.) tempo de escola; (vi.) tempo de escolarização; (vii.) tempo na escola.

Diante disso, foi possível estabelecer que as mudanças dos tempos escolares ao longo da história da educação nacional se efetivaram em virtude das concepções, princípios e finalidades educativas, orientados pela busca de uma melhoria da educação, que atualmente concebemos como qualidade da educação.

Em virtude disso, levando em consideração a relação dialética entre as categorias de análise adotadas, percebemos a emergência de uma quarta categoria de tempos escolares denominada aqui como "tempo da escola".

Trata-se de uma categoria que encontra paralelos ao longo da história da educação do Brasil, predominantemente do Período Colonial até a Primeira República, por exemplo, quando o tempo de estudos não estava (e nem havia condições materiais para isso) estritamente associado ao espaço escolar, de acordo com o que se depreende da leitura de Ribeiro (1992).

No que concerne à estrutura deste livro, dividimo-lo em quatro capítulos, sendo o primeiro deles dedicado a conceitualização dos tempos escolares e da qualidade da educação, assim como de sua articulação, a partir da qual procuramos problematizar essa relação e destacar a (re)emergência dos "tempos da escola". Não obstante, das categorias de tempos escolares e qualidades da educação delineadas, procedemos com a análise da legislação educacional do Período Colonial até a Primeira República, no capítulo dois, e da Era Vargas até o ano de 2017 no capítulo três. Em seguida, dedicamos o capítulo quatro para a apresentação da metodologia de análise utilizada para evidenciar os efeitos produzidos pelas mudanças dos tempos escolares na legislação da educação nacional e sua relação com a qualidade da educação até o ano de 2020.

Essa pesquisa se justificou por abordar um objeto que é pressuposto nos processos educativos institucionalizados, fornecendo-nos material para entendermos quais motivos que determinaram a variação do tempo escolar e sua relação com a qualidade da educação anunciada na legislação. Além disso, pudemos contemplar como alguns processos podem se repetir ao longo do desenvolvimento da educação nacional. Com isso, procuramos contribuir para a historicidade do campo da educação, assim como ensejar reflexões sobre como essa historicidade tem reflexos nos nossos dias como educadores, e como alguns pressupostos educativos não são estanques, mas motivo de disputa política, ideológica que se dão em contextos econômicos e sociais condicionados por diversas motivações.

Por fim, concluímos que, diante das pretensões de qualidade da educação expressas na legislação, foi que (re)emergiu sob o princípio de qualidade da educação a quarta categoria de tempos escolares, ou seja, os "tempos da escola", muitas vezes anunciada como uma solução questionável para os problemas educacionais em nosso País. A construção dessa categoria, de acordo com nossa leitura, ressurge como um pressuposto da concepção de qualidade da educação hegemônica, conceituada no capítulo I e anunciada na legislação (BRASIL, 1996; 2017; 2020). Todavia seu reconhecimento pode ser direcionado a favor da qualidade social da educação com a qual pretendemos contribuir.

Capítulo I

A construção das concepções de tempo escolar e qualidade da educação

Tendo em vista nosso objetivo principal de *compreender as motivações das transformações dos tempos escolares e sua relação com a qualidade da educação ao longo da história da educação brasileira*, iniciamos este primeiro capítulo procurando entender a construção das concepções de tempo escolar e qualidade da educação.

Para isso, na primeira seção discutimos a concepção de tempo social elaborada por Elias (1998), da qual procuramos destacar suas dimensões sociais, históricas e culturais que contribuem para sua elaboração. Ao passo que esclarecemos essa característica interdimensional do tempo social, conduzimos nossas reflexões para os tempos escolares, procurando delinear as categorias de análise que são utilizadas ao longo do livro.

Feito isso, nos encaminhamos para o estudo da construção da concepção de qualidade da educação, de maneira que recorremos aos estudos de Soares (2016), a qual destaca o surgimento do conceito de qualidade em relação à indústria automotiva. Conforme os processos escolares são investidos da busca da qualidade, há um transplante das ideias da qualidade industrial para a educação, o que resulta no estabelecimento dos parâmetros da qualidade total, ou hegemônica. Em contrapartida, surge a crítica a esse transplante pautada na busca de uma qualidade socialmente referendada, a qual denominamos qualidade social da educação, e a qual nos filiamos a partir dos estudos de Dourado, Oliveira e Santos (2007), Dourado e Oliveira (2009), Gadotti (2010) e Soares (2016).

Na última seção deste capítulo, nos encaminhamos para articulação dos tempos escolares com a qualidade da educação tendo em vista a identificação de dois atributos qualitativos apontados por Dourado e Oliveira (2009), que tratam da especificidade do tempo escolar. Com isso, procuramos demonstrar a emergência de uma quarta categoria de tempos escolares, além dos tempos de escola, tempos de escolarização e tempos na escola delimitada por Parente (2010; 2006), a qual denominamos "tempos da escola". Sua identificação neste primeiro capítulo tornou-se importante para direcionar o olhar do leitor para as evidências da construção histórica dessa categoria, a qual foi objeto de análise no último capítulo deste livro. Percebemos que ela surgiu como tempos de estudo, mas seu desenvolvimento ao longo da história revelou desafios e possibilidades, aos quais desejamos evidenciar ao longo do texto.

Os tempos escolares

Muito contribui para essa discussão inicial o pensamento de Norbert Elias (1998), o qual ressalta que, no início das sociedades, a relação dos indivíduos com a organização do tempo esteve estreitamente atrelada aos fatores naturais, sendo impossível, por exemplo, que os sujeitos pudessem determinar sua idade. À medida que as sociedades se tornaram mais complexas, foram sendo elaborados instrumentos artificiais para medir a duração do tempo, entre os quais situa-se o calendário. Elias (1998) ressalta que o calendário anual, que utilizamos atualmente, foi inicialmente elaborado para se relacionar aos processos naturais. O movimento da Terra em torno dela mesma ou do Sol e as fases lunares teve influência na definição dos dias, meses e anos, que repercutiram na contagem da duração da vida humana. Contudo, em seu processo de desenvolvimento, o calendário foi se distanciando cada vez mais dos processos naturais, tornando-se artificial. A medida do tempo, portanto, tornou-se estritamente social[1].

1 O calendário passou por transformações ao longo da história, sendo representativo disso a reforma efetuada por Júlio Cesar, durante a época em que foi imperador romano. Em 1582, foi substituído pelo calendário gregoriano que, ao introduzir os anos bissextos, tencionou minimizar a discrepância entre o movimento solar anual e a marcação dos dias que temos atualmente (ELIAS, 1998).

Tal como os calendários, os relógios são instrumentos simbólicos que procuram se relacionar a processos físicos naturais. Em sua singularidade, os relógios são instrumentos de medição do tempo que apresentam um modelo de sequência de recorrência regular distribuída em horas, minutos e segundos. Com o advento desse instrumento abriu-se a possibilidade de que processos assíncronos pudessem ser comparados em duração pelos seres sociais, de forma que "simultaneamente, servem-lhes, de múltiplas maneiras, para harmonizar os comportamentos de uns para com os outros, assim como para adaptá-los a fenômenos naturais, ou seja, não elaborados pelo homem" (ELIAS, 1998, p. 8).

Nesse sentido, o tempo medido por instrumentos artificiais atua como um meio humano de orientação e regulação que é apreendido no âmbito da sociedade e/ou cultura, ou seja, trata-se de um saber compartilhado que resulta de um longo processo de aprendizagem. Esse saber envolve pelo menos dois tipos de conhecimento, por exemplo, a regularidade dos fenômenos naturais e o movimento mecânico dos ponteiros do relógio. Com a abstração desses conhecimentos os sujeitos promovem uma síntese, a partir da qual atribuem um significado para o tempo de acordo com o contexto em que estão inseridos. Embora esse tempo medido por instrumentos artificiais seja adotado com naturalidade nas sociedades atuais, tendo aparentemente uma existência própria, Elias (1998) o distingue do processo contínuo de transformação da natureza. "Ressalta disso tudo que o conceito de tempo não remete nem ao 'decalque' conceitual de um fluxo objetivamente existente nem a uma forma de experiência comum à totalidade dos homens, e anterior a qualquer contato com o mundo" (ELIAS, 1998, p. 11).

Conquanto tenha certa autonomia para a manipulação e vivência subjetiva do tempo, mediante processos de intercâmbio de conhecimentos entre os membros de sua comunidade simbólica o sujeito individualiza certos padrões temporais, se investe da simbologia temporal. Quer dizer, "todo indivíduo, por maior que seja sua contribuição criadora, constrói a partir de um patrimônio de saber já adquirido, o qual ele contribui para aumentar. E isso não é diferente no que concerne ao conhecimento do tempo" (ELIAS, 1998, p. 10), que tal como a linguagem, por seu caráter simbólico, tem efeito coercitivo nos indivíduos.

Depreendemos, pois, da leitura de Elias (1998), que o tempo, enquanto uma concepção histórica culturalmente situada, a qual exige alto poder de abstração e síntese, adquire sua concretude a partir de sua circulação social. Trata-se de um tempo social produzido historicamente pelos sujeitos que compartilham significados semelhantes, de forma que há também uma dimensão cultural e subjetiva em relação ao tempo. Isso se esclarece, por exemplo, ao utilizarmos expressões como "pontualidade britânica", ou "tempo é dinheiro", quando queremos evidenciar a cultura de um povo em relação ao tempo e deixamos transparecer nossos preconceitos concomitantemente.

Essa concepção é compartilhada por Ferreira e Arco-Verde (2001) quando se propõem a resgatar a construção histórico-cultural do tempo. Para as autoras, por servir para a marcação de um antes e um depois dos fenômenos sociais, o sujeito tem a impressão da existência do tempo, independentemente de sua padronização social. Ainda, as autoras consideram que, na tentativa de compreensão do tempo, ao longo do seu processo de desenvolvimento, a sociedade relacionou-o à mitologia. Dessa forma, durante um longo período, o tempo foi tomado como uma propriedade da natureza e teve na mitologia sua forma de representação.

Ao passo que a filosofia e a ciência avançaram as discussões sobre o tempo, houve um progressivo distanciamento dessa concepção mitológica em virtude da distinção entre os deuses e os processos naturais. A partir desse esclarecimento, as autoras pontuaram o que segue:

> O mundo foi submetido ao domínio humano, condição imprescindível para a dominação da natureza. Dominada, o sujeito passa a identificar-se com ela, reduzindo-a e classificando-a como parte de si. Nesse

> processo, o tempo, enquanto elemento da natureza, passa, então, a ser objetivado, esclarecido. (FERREIRA; ARCO-VERDE, 2001, p. 3).

Nesse processo foram desenvolvidos diversos instrumentos simbólicos de marcação do tempo a partir dos quais são situadas as práticas sociais. Esse tempo medido pelos instrumentos simbólicos, ou tempo físico, por estar presente em grande parte das práticas sociais, também passou por um processo de naturalização, no entanto o domínio desse tempo físico, ao ser controlado pelo setor da indústria, por exemplo, passa a servir de instrumento de organização do processo produtivo em busca de maiores lucros dos industriais. Ao problematizar essa questão, as autoras dizem o seguinte:

> Nesta divisão conceitual, o tempo físico pode ser indicado como aquele que se inicia sob o domínio de Chrónos e determina o ritmo e a contagem do tempo que guia o mundo em dias, horas, minutos etc. e o tempo social – o Kairós, que pode ser indicado como o tempo vivido pelos homens, nem sempre coincidente com o tempo cronológico. (FERREIRA; ARCO-VERDE, 2001, p. 7).

Compartilhamos da ideia das autoras, quando coincidem com a distinção entre os tempos físicos e os tempos sociais, pois isso já fora encontrado em Elias (1998) quando explicitou o tempo social como uma quinta dimensão a ser levada em conta no estudo dos processos naturais. O autor destacou que, sendo a natureza estudada a partir de quatro dimensões, ou seja, altura, largura, espaço e tempo, a proeminência de um tempo social que localiza os processos naturais funciona como uma âncora da compreensão humana sobre o mundo que procura dar sentido. Assim, o tempo social seria aquele que permite a atribuição de sentidos a outros processos sociais, inclusive o tempo físico. Ou seja, a partir dos tempos sociais constituem-se várias possibilidades de marcação do tempo, entre as quais situam-se os tempos escolares.

Tal como os autores citados, entendemos que o tempo físico é uma construção que se dá a partir dos tempos sociais. Da mesma maneira, os tempos escolares são entendidos como uma construção histórica social e culturalmente referendada que se utilizam não só dos tempos físicos, mas também de outras possibilidades de relação com o tempo. Assim, nos apoiamos no que dizem Ferreira e Arco-Verde (2001), ao conceberem que o tempo escolar se insere no tempo social. Por isso, destacam as autoras, são reveladas

> [..] diferentes configurações e significados e, ainda apresenta, nos dias de hoje, uma arquitetura específica e diferenciada não só em sua estrutura institucional, nos diferentes países, estados, cidades e escolas, como na efetivação deste tempo [..] O tempo escolar, além de trazer as marcas da sociedade, é um elemento próprio dessa cultura. (FERREIRA; ARCO- VERDE, 2001, p. 8).

Consonante com as Ideias de Ferreira e Arco-verde (2008), encontramos respaldo em Gouveia (2004): no caso da educação brasileira o papel que os tempos escolares desempenharam na configuração da estrutura social foi ampliado devido ao atraso do Brasil em seus tempos de colônia em relação aos estados europeus. Nesse contexto, a educação funcionou como um meio para a distinção entre a idade dos estudos e a idade do trabalho e, consequentemente, da criança e do adulto. Com isso, a educação formal, ao ser utilizada como meio para se alcançar o progresso desejado pelas elites políticas e econômicas, produziu também a condição da infância como a da idade escolar.

Como constatou Gouveia (2004), a definição da idade escolar não se efetivou sem que houvesse disputas e formas diferentes de entender a infância, demonstrando o caráter histórico-cultural dessa construção. Como exemplo disso, pode-se destacar que os filhos das elites sociais, os quais podiam frequentar a instituição escolar e geralmente o faziam em suas casas, com professores pagos pela família, diferentemente dos filhos dos negros a quem era negado o acesso a esse bem cultural. Isso revela, de um lado, o caráter histórico-cultural da infância e, de outro, que os tempos de estudos não estavam relacionados de maneira direta aos espaços escolares, mesmo porque a oferta de vagas não era suficiente para atender a todas as crianças em idade escolar.

A despeito disso, Gouveia (2004) destaca que, diante da obrigatoriedade da educação, as províncias passaram a organizar objetivamente a idade adequada para a inserção das crianças nos processos educativos formalizados. Isso revela o caráter histórico da construção dos tempos escolares, ao mesmo tempo, que, evidencia que ele está relacionado à cultura que se estabelece nas práticas sociais de educação.

Parente (2010) coaduna essa constatação referindo-se ao fato de que a "[..] forma como a escola se organiza, ou seja, o seu tempo é decorrente das construções e necessidades históricas que a determinam. Necessidades advindas dos processos históricos, sociais e culturais" (p. 139).

Ainda de acordo com Parente (2006):

> A forma como a escola organiza-se, ou seja, o seu tempo é decorrente das construções históricas que a determinaram [..] [Assim,] o tempo da escola é condicionado pelo tempo e este, condicionado pelos diversos tempos histórico-sociais. (PARENTE, 2006, p. 5).

De tal maneira, quando utilizamos a categoria tempos escolares temos como pressuposto que não estamos tratando de um tempo alocado somente no espaço escolar, conforme demonstrou Gouveia (2004), mas de um tempo em que se efetivam os processos educativos formalizados. Ou seja, não podemos perder de vista que, ao entendermos os tempos escolares como uma construção sócio-histórica e cultural, não o desvinculamos de outras determinantes, tal como o espaço escolar. Contudo, pelo seu componente contraditório, entendemos que essa própria construção espaço-temporal tendeu a ser naturalizada nos processos educativos.

Concordamos, pois, com Parente (2006), ao afirmar que, assim como o tempo social, os tempos escolares também são tratados com naturalidade nos ambientes educativos, seja quando se estabelecem horas/aulas das instituições, a divisão dos tempos para cada atividade dos planos de aula, os bimestres, semestres, o início e fim do ano letivo, as férias e festividades etc. Contudo, ao atentarmos para o processo de desenvolvimento dos tempos escolares ao longo da história percebemos que eles não são algo estanque, imutável, fixo.

Corroborando essa concepção, Parente (2010; 2006) aponta influências na construção dos tempos escolares na história da educação nacional, sendo o primeiro referido aos primeiros responsáveis pela educação nas terras brasileiras que foram os jesuítas. Para a autora, por meio de sua influência, o padre Manoel de Nóbrega, com seu plano de estudos, foi o primeiro a organizar os tempos escolares nas escolas dirigidas pela Companhia de Jesus em terras nacionais.

Ao mesmo tempo, foram publicadas as Constituições da Companhia de Jesus (1548-1550) logo no início da colonização do Brasil, documento no qual eram expostas as principais regras para a organização da educação jesuíta, incluindo algumas orientações da forma de organização dos tempos escolares. A organização do ensino jesuíta foi aperfeiçoada com a publicação do *Ratio Studiorum* no ano de 1599, de forma que passaram a ser pormenorizadas de maneira objetiva a ordenação de etapas e níveis de ensino, o tempo de duração das aulas, os intervalos, e os meios de promoção para as etapas posteriores. Assim, podemos considerar que a gênese das preocupações direcionadas aos tempos escolares em nossas terras pode ser atribuída aos jesuítas, os quais promoveram a primeira organização temporal escolar da educação no Brasil-Colônia.

Outra contribuição para os tempos escolares, apontada por Parente (2010; 2006), incide sobre a obra Didática Magna de Comenius, da qual deriva a divisão por faixas etárias para os diferentes níveis de ensino, entre outros aspectos da organização temporal, a citar:

> [..] organização dos estudos em graus e etapas com base no desenvolvimento da criança; demarcação do início da escolarização; padronização do início do ano letivo, dos horários de aula e do calendário escolar; padronização de programas de ensino com base num planejamento anual, mensal, semanal e diário. (PARENTE, 2006, p. 39).

Além das contribuições da Companhia de Jesus e da Didática Magna, Parente (2006) se propõe a apresentar algumas heranças relativas às influências das determinações dos processos produtivos mercantis (principalmente a partir do século XIX). Apoiada em Thompson (1998), afirma:

> O que ocorre é que, nas sociedades industriais, de forma geral, o tempo vira moeda, ganha valor e o que conta não é mais o valor das tarefas e sim o valor do tempo. O relógio passa a ser o regulador dos novos ritmos da vida industrial e também objeto de necessidade para a emergência do capitalismo [..]. Percebe-se, assim, uma relação direta entre tempo e disciplina, ou

> seja, do uso econômico do tempo e seus reflexos na vida social e doméstica. E para esse uso econômico do tempo, à escola é oferecido um papel de grande importância. (PARENTE, 2006, p. 30).

Faria Filho e Bertolucci (2009), também procurando esclarecer as ideias do historiador inglês Edward Palmer Thompson, destacam o papel das experiências como uma das condicionantes da construção da cultura escolar. Isso quer dizer que sobre uma base institucional existem diversas maneiras de experenciar os fenômenos sociais e mesmo essa base institucional não está isenta ao jogo de forças que se desenvolve na tessitura social buscando a validade de determinada forma escolar.

Desse embate de interesses que acontece na sociedade, ora uma forma de representação cultural é validada e almejada, ora outra tem seus anseios materializados. Assim, as representações de cultura escolar de um povo não são unânimes, pois têm por trás de si o jogo de interesses em busca da validade de uma cultura que busca ser hegemônica. Diante disso, a escola desempenha o papel de representar a cultura valorizada pelo pensamento hegemônico de uma sociedade, não sem contradições e conflitos.

De tal forma,

> Se tivermos claro que a cultura deve ser aprendida, e se esta mesma cultura é também lugar e momento de dotar o sujeito das sensibilidades e habilidades para sua inserção no mundo social, então a escolarização envolve, também, uma ação mais ou menos deliberada de educação das sensibilidades, valores e habilidades características do sujeito educado. (FARIA FILHO; BERTOLUCCI, 2009, p. 15).

Com base nisso, as experiências que a escola proporciona, mesmo sobre uma base institucional, são edificantes ao mesmo tempo da cultura escolar e da cultura dos sujeitos que frequentam a instituição. Em uma relação dialética, a escola não determina a estrutura social e cultural de um povo, mas condiciona alguns fatores relacionados a elas. Por isso, a escola tem sido alvo de disputa ao longo da história da educação aqui delineada, com a tendência de sua apropriação pela classe dominante (MANACORDA, 1992), a qual tenta impor, por intermédio da legislação, a visão hegemônica da cultura socialmente valorizada.

Não obstante, ao entendermos a instituição escolar como um campo de conflitos em que as experiências interferem dialeticamente em sua estrutura, não podemos deixar de aceitar que a instituição escolar está submetida a um processo de desenvolvimento contínuo da cultura escolar. Então, mesmo quando falamos de saltos qualitativos no processo de construção dos tempos escolares, levamos em conta o que atestam Faria Filho e Bertolucci (2009), ou seja, que "as culturas escolares não são passíveis de reforma, de mudanças e intervenções bruscas, justamente porque precisam ser construídas (e reconstruídas) nas experiências e nas práticas escolares" (p. 18).

Teixeira e Leal (2009) nos ajudaram a compreender como esse processo se desenvolve quando se dedicaram ao estudo da arquitetura dos calendários e horários escolares e perceberam a influência dos agentes escolares na construção desses objetos sociais. Segundo os autores,

> Calendários escolares são marcas do humano. Trata-se de objetos sociais e construções sócio-históricas que refletem e influenciam os modos de pensar e realizar a educação, expressando diferentes concepções de mundo, projetos de sociedade e posicionamentos sociais os mais diversificados. (TEIXEIRA; LEAL, 2009, p. 5).

Os horários escolares, por sua vez, são considerados como "instrumentos básicos de ordenamento rítmico-temporal do cotidiano escolar [..], horários ditam as temporalidades, criando rotinas no cotidiano escolar. Na escola e fora delas, seus sujeitos vivem sob a égide dos horários" (TEIXEIRA; LEAL, 2009, p. 5). Para os autores, a construção tanto do calendário anual, como do horário escolar influenciam na dinâmica escolar, prática docente e vida pessoal, ou seja, nas experiências que são construídas dentro e fora do ambiente da escola.

Diante do reconhecimento dessas condicionantes sociais, históricas, culturais e subjetivas que incidem sobre a apropriação dos tempos escolares no ambiente educativo, Parente (2006) propõe a distinção dos tempos escolares em três classificações: (i.) tempos de escola, (ii.) tempos de escolarização e (iii.) tempos na escola. Os tempos de escola se referem ao processo de escolarização, à idade mínima de inserção no processo educativo formal e ao período máximo previsto para o término do processo educativo básico, ou seja, à idade considerada ótima para se iniciar e concluir os estudos. Os tempos de escolarização são referentes à divisão de graus e classes de ensino (segmentos, etapas, níveis, ciclos). Os tempos na escola, por sua vez, referem-se às maneiras das instituições organizarem seus projetos educativos, sendo eles referentes às horas, dias, semanas, meses, bimestres, semestres, anos letivos (calendário anual e horário escolar) necessários para se alcançar o aprendizado almejado para os estudantes.

Essas três categorias contemplam as múltiplas dimensões implicadas nos tempos escolares, de maneira que devem ser entendidas de forma dialética, estando relacionadas umas às outras, e uma modificando a outra em graus e formas distintas. Todavia, ao nos pautarmos na análise da legislação, reconhecemos que nos escapam alguns aspectos comportados na categoria tempos na escola, os quais envolvem a dinâmica de funcionamento interno das organizações escolares, os tempos que são construídos pelos atores envolvidos nos processos de ensino-aprendizagem dentro do ambiente escolar. Com base na elaboração de Parente

(2010; 2006), nos aprofundamos no estudo das três categorias propostas, nas quais nos apoiamos para efetuar nossas análises dos dois próximos capítulos.

Por outro lado, tal como os autores aqui citados, acreditamos que os tempos escolares são condicionados pelo tempo social que, por sua vez, é condicionado pelos diversos tempos histórico-sociais. Assim, a emergência de novas formas de relação dos sujeitos sociais com os tempos escolares são um pressuposto que adotamos. Ao assumirmos isso, Faria Filho e Bertolucci (2009) contribuem com nossa discussão ao despertar-nos a atenção para outra categoria de tempos escolares presente na legislação educacional, conforme é discutido mais adiante nesse texto. A princípio, Faria Filho e Bertolucci (2009) esclarecem-nos o seguinte:

> A "captura da criança pela escola" significa uma relação conflituosa com o tempo da família e da vizinhança, da rua, da igreja e do trabalho, dentre outros. Os tempos familiares são continuamente invadidos pelo tempo da escola e as rotinas da casa são subvertidas ou submetidas às necessidades da escola. (FARIA FILHO; BERTOLUCCI, 2009, p. 20).

Como procuramos esclarecer pelo excerto acima, o autor entende que os "tempos da escola" se distinguem dos outros tempos escolares categorizados por Parente (2010; 2006), principalmente pela questão espacial, ou seja, é um tempo em que se desenvolvem práticas educativas formalizadas fora do espaço escolar. Nesse sentido, os tempos da escola, tal como procuramos delinear, permitem à educação escolar extrapolar os muros da instituição e ser desenvolvida em outros ambientes de convívio social. Mas, é preciso deixar claro que entendemos o tempo da escola em uma relação dialética com os outros tempos escolares, de forma que um não implica na eliminação dos outros. Ao assumirmos essa categoria de tempos escolares, demarcamos nosso posicionamento político a favor da educação pública e, em especial, da escola pública.

Essa assunção é importante, pois, como visto nesta seção, em determinado período da história da educação brasileira esse distanciamento espaço-temporal em que ocorrem os processos educativos escondia atrás de si questões com a escravidão dos negros (GOUVEIA, 2001). Se isso não fizermos, corremos o risco de que os discursos dos "astutos", conforme Freire (1989), se apropriem de forma tendenciosa de nossa delimitação com outros propósitos diversos à melhoria da educação brasileira.

Apesar desse risco, não podemos negar o que asseveram Filho e Bertolucci (2009), ou seja, que "o tempo do trabalho não é percebido da mesma forma no campo e na cidade" (p. 20), tal como o tempo da escola também não o é da mesma forma em lugares diferentes da escola física. No entanto, o tempo da escola é vivido por sujeitos inclusos em uma sociedade que passa por constantes mudanças devido à incorporação das Tecnologias Digitais da Informação e Comunicação, o que tem resultado na transformação de diversas práticas sociais e no surgimento de outras, as mais diversas.

Conforme Assmann (1998):

> [..] parte da humanidade já convive com o tempo dos bits exatos, como forma de expressão do dinheiro, das identificações, da escrita, do celular, da internet, da TV digital, do DVD e, contudo, é um tempo no qual todas as fronteiras explodem. Parece que o próprio avanço científico-tecnológico leva a humanidade a navegar, surfar, flutuar (ASSMANN, 1998 apud FERREIRA; ARCO-VERDE, 2001, p. 7).

A evidência do uso das Tecnologias Digitais de Informação e Comunicação (doravante TDIC) nas práticas sociais gerais tem repercutido em novas demandas educativas e na alteração da legislação da educação. Isso se verificou principalmente durante a pandemia que afetou o Brasil por meio da transmissão do vírus SARS-CoV-2, desde março de 2020. Diante da emergência, novas interpretações da Lei 9.394/1996 (BRASIL, 1996) foram feitas pelo CNE, de forma que os tempos de escolarização tiveram outro delineamento.

Na leitura da legislação, observa-se a preponderância da carga horária anual em detrimento dos 200 dias de frequência mínima ao espaço escolar. Dessa forma, a própria concepção de "dias letivos" teve seu referencial espaço-temporal modificado, e o que eram atividades educativas com a presença de estudantes nos espaços escolares, passou a se estruturar, em grande parte, no ambiente virtual.

Não obstante, entendemos que da relação dialética entre os tempos de escolarização e os tempos na escola, os quais envolvem os fatores sócio- históricos e culturais, uma terceira categoria possa ser delineada, a qual se configura a partir de práticas educativas formalizadas que acontecem fora do espaço escolar. Acreditamos também que a inserção dos "tempos da escola" nas práticas sociais escolares sem uma reflexão crítica pode trazer consequências no direcionamento da educação nacional, principalmente no que se refere aos tempos escolares.

Interessa, pois, que reconheçamos as concepções de educação, princípios e finalidades educacionais que respaldam sua emergência, o que relacionamos aos pressupostos de qualidade da educação ao final deste capítulo. Não obstante, na próxima seção nos dedicamos ao estudo das concepções de qualidade da educação brasileira que se manifestam com algum grau de predominância no final do século XX.

As qualidades da educação brasileira

Nesta seção, interessou-nos refletir sobre a qualidade da educação, de modo a delinearmos algumas de suas concepções e atributos. Para isso, contamos inicialmente com Demo (2007), para quem a qualidade pressupõe uma quantidade, ou seja, o estabelecimento de algo quanto ao seu aspecto qualitativo tem como suporte uma base quantitativa. Segundo ele:

> Quantidade para a qualidade é base e condição. Como base significa o concreto material de que também é feita a vida. É corpo, tamanho, número, extensão. Como condição, indica que toda pretensão qualitativa passa igualmente pela quantidade, nem que seja como simples meio, instrumento, insumo. (DEMO, 2007, p. 10).

Diferentemente da dimensão quantitativa que se estabelece sobre uma base material, na qual prevalece a extensão, o comprimento, a quantidade e o "ter", a qualidade se apresenta como um atributo humano, portanto, histórico, funcionando como uma espécie de concepção da realidade que se estabelece no campo das intensidades. Estando atrelada ao "ser", a qualidade está imbricada na profundidade, sensibilidade e criatividade humana.

Para Demo (2007), a qualidade se estabelece de modo comparativo sobre os objetos e as formas. Ora diz respeito à busca de se atingir a perfeição diante das expectativas das pessoas, no primeiro caso, ora inclui as estruturas de funcionamento da sociedade. Nesse segundo caso, procede-se com a comparação a partir de matrizes perfeitas, do que foi bem feito, completo, sistemático. De qualquer maneira, a qualidade se apresenta com uma forma de intervenção humana, por isso faz parte da consciência, da vivência, da cultura e da arte.

De acordo com isso, a qualidade pode variar em diferentes campos de atuação humana, assim como estar fundamentada em aspectos diversos de contexto para contexto. Demo (2007) destaca que, no campo educacional, a qualidade é entendida como uma estratégia de formação humana que ao mesmo tempo abrange os desafios formal e político. A qualidade no âmbito formal está relacionada aos conhecimentos, sendo atingida pela "habilidade de manejar meios, instrumentos, formas, técnicas, procedimentos diante dos desafios do conhecimento" (DEMO, 2007, p. 15), mas isso não seria suficiente para uma educação de qualidade, pois "[..] a educação não se reduz ao conhecimento, apenas tem nele seu instrumento primordial, em termos de qualidade formal" (DEMO, 2007, p. 19). É necessário, portanto, que a qualidade esteja alicerçada nos valores morais e éticos, que incidem sobre o humanismo, a formação para a cidadania, a cultura comum.

Soares (2016), por sua vez, ao analisar o desenvolvimento do conceito de qualidade da educação, destacou sua relação com as mudanças ontológicas e epistemológicas que se desenvolveram na América Latina[2] em virtude do projeto de desenvolvimento social, econômico e educacional das agências internacionais[3]. Apresentando uma visão da ontologia do ser, da qual compartilhamos, Soares (2016) entende que o ser humano só o é em virtude do trabalho. Quer dizer, é no processo de transformação da natureza, ou mais especificamente, na transformação de seu mundo interno e externo que o sujeito se humaniza.

Dado que as relações de trabalho tiveram alterações no contexto brasileiro em decorrência da agenda político-econômica das agências internacionais, principalmente, no final da segunda metade do século XX, ao ser humano, nesse contexto, foi negado o resultado de seu trabalho, inserindo-o em uma lógica que separa o trabalhador do resultado de sua produção. Essa lógica de alienação do sujeito, por sua vez, teve repercussões em sua forma de conhecer o mundo e relegou a ele, na cadeia de produção, somente o acesso a uma parte do conhecimento que o humaniza.

---

2 Soares (2016) classifica toda a região ao sul dos Estados Unidos da América, exceto Cuba, como América Latina.

3 Entende-se por agências internacionais o Fundo Monetário Internacional (FMI), Banco Mundial (BM), Organização das Nações Unidas para a Educação, a Ciência e a Cultura (UNESCO) e Organização para a Cooperação e Desenvolvimento Econômico (OCDE).

A esse respeito, a autora explicita o seguinte: "guardadas as devidas proporções, o controle epistemológico exercido pelas estruturas de poder pode ser, então, identificado na gestão do conhecimento como instrumento de dominação e controle" (SOARES, 2016, p. 28).

Nas palavras de Soares (2016),

> No caso da qualidade da educação, entende-se que a ação dos grupos hegemônicos influencia a construção dos objetivos para a educação, influência que se estende à América Latina. Nesse sentido, interpretamos que esses grupos também influenciam sistematicamente a ontologia e a epistemologia da concepção de qualidade da educação latino-americana. (SOARES, 2016, p. 28).

Dessa forma, referendada histórica, social, política e ideologicamente, a qualidade da educação carrega consigo contradições imanentes que incidem sobre as formas que ela assume na sociedade atual. Com isso, desponta uma diversidade de concepções de qualidade da educação respaldadas pelo alinhamento ideológico de seus promotores, as quais Soares (2016) agrupa como hegemônicas e contra-hegemônicas, sendo a primeira alinhada ao que se denomina qualidade total e a segunda a qualidade social.

No que se refere ao primeiro caso, Soares (2016) destaca que os pressupostos da qualidade total começaram a repercutir na educação norte-americana por volta dos anos 1960 e 1970, e no final da década seguinte foram implementados no Brasil, em contraposição ao discurso de democratização. A partir de então, apoiada pelo discurso das agências internacionais direcionados a aplicação da gestão empresarial como forma de gestão da educação, iniciou-se a configuração de uma educação de caráter pragmático, voltada para a empregabilidade.

Sendo a qualidade da educação transplantada do modelo de produção industrial e pautada na ideia de zero defeito, ou seja, na eficiência do processo, a racionalização de recursos humanos e materiais, o controle da gestão sobre os agentes da educação, a incorporação de práticas participativas no direcionamento das ações educativas, tal como da criação de instrumentos para aferir o cumprimento dos objetivos e metas estabelecidos apresentaram-se como pressupostos da qualidade total aplicada à educação. A partir deles fomentou-se o processo de corresponsabilização e implementou-se a meritocracia como força motriz em busca dos objetivos da qualidade total da educação sintetizados por Soares (2016), quais sejam:

> 1) Gestão: centralizada e controladora do trabalho docente para possíveis bonificações ou punições; 2) Currículo: conteúdos que influenciam os projetos de formação para que sejam voltados para a realidade do mercado de trabalho; 3) Trabalho docente: eficiente, produtivo e reflexivo; 4) Alunos: receptores dos conteúdos programados e testados através de provas e exames para certificação da aprendizagem e inserção no mercado de trabalho; 5) Escola: mantenedora da ordem da sociedade com a formação de sujeitos flexíveis, produtivos e adaptáveis. (SOARES, 2016, p. 35, grifos do autor).

No segundo caso, em contraposição à visão hegemônica respaldada na qualidade total, ao mesmo tempo em que investida de uma perspectiva emancipadora dos sujeitos, Soares (2016) aponta o caminho para uma qualidade social da educação, com a qual nos identificamos. Centrada na formação para a cidadania, a autora afirma, a qualidade social "decorre das relações sociais políticas, econômicas e culturais, historicamente contextualizadas, e que visam contribuir para o fortalecimento da educação pública de qualidade referenciada no social" (p. 38).

Fazendo coro a essa perspectiva, Gadotti (2010) reafirma a dinamicidade das concepções de qualidade da educação ao registrar que, nos últimos anos, tem se apresentado um novo entendimento sobre a premissa da qualidade da educação. Nessa premissa, explica o autor, são acentuados os aspectos sociais, culturais e ambientais da educação, com a valorização de conhecimentos simbólicos, sensíveis e técnicos. Essa perspectiva nega as dinâmicas avaliativas (quantitativas) adotadas com fins de cumprimento de metas e resultados que incidem sobre a responsabilização e culpabilização de sujeitos, pois entende o sujeito em suas múltiplas dimensões humanas.

Considerando nosso pressuposto de que a qualidade da educação é uma construção sócio-histórica e cultural, importa-nos, portanto, reconhecer as contribuições de Dourado e Oliveira (2009), para quem a qualidade da educação envolve aspectos extraescolares e intraescolares. Os primeiros referem-se aos níveis sociais, econômico-financeiros e culturais como fundamentais para uma educação de qualidade que garanta os direitos dos cidadãos, por exemplo. Por isso, além de sua dimensão histórica a qualidade também se investe das dimensões sociais e culturais que influenciam em seu desenvolvimento.

Em relação aos aspectos intraescolares, e por consequência as contradições internas, a qualidade assume sua concretude diante das condições objetivas e subjetivas da organização e gestão escolar, processos de gestão que avaliem a qualidade da educação, no que se refere à dinâmica pedagógica e rendimento escolar dos estudantes, sendo que: "[..] tais elementos podem, em parte, ser tratados como aspectos objetivos para a construção de condições de qualidade em uma escola considerada eficaz ou que produz resultados positivos" (DOURADO; OLIVEIRA, 2009, p. 206).

Pelo que justificaram os autores, nas formulações desenvolvidas não há a pretensão de se criar um padrão único de medição da qualidade, mas em serem delineadas referências relativas à definição de dimensões, fatores e condições da qualidade da educação socialmente referendada. Em suas palavras: "[..] qualidade da educação, portanto, não se circunscreve a médias, em um dado momento, a um aspecto, mas configura-se como processo complexo e dinâmico [..]" (DOURADO; OLIVEIRA, 2009, p. 207).

Esse processo de qualificação da educação deve, pois, ser contextualizado, de maneira que a definição da qualidade da educação leve em consideração as diversas determinantes que interferem nos processos educativos, sejam oriundas dos aspectos externos ou internos.

Percebemos, com isso, que há um diálogo com a qualidade social da educação defendida por Gadotti (2010) e Soares (2016), quando Dourado e Oliveira (2009) delinearam a qualidade a partir de uma perspectiva polissêmica, em que "[..] a concepção de mundo, de sociedade e de educação evidencia e define os elementos para qualificar, avaliar e precisar a natureza, as propriedades e os atributos desejáveis de um processo educativo de qualidade social" (DOURADO; OLIVEIRA, 2009, p. 202).

Destaca-se também, que esta polissemia está relacionada à necessidade de que seja contemplada a qualidade política apontada por Demo (2007). Ou seja, em se tratando de formar para o humanismo, a cidadania, a cultura comum não há como ser estabelecido um padrão único de medição da qualidade social a partir de parâmetros, critérios estanques, imutáveis, invariáveis. Tampouco é possível afirmar a existência de uma única qualidade da educação, mas de qualidades da educação socialmente referendadas, quer dizer, a partir de uma perspectiva polissêmica e plural.

Dourado e Oliveira (2009) nos permitiram avançar em nosso estudo ao distinguir, entre as dimensões e fatores relacionados à qualidade social da educação, os atributos que contribuem para sua consecução. O reconhecimento das dimensões e fatores permitiu que identificássemos criticamente alguns atributos que derivaram dialeticamente das heranças históricas da qualidade da educação. Cabe destacar, portanto, que os autores agrupam, conforme mencionado anteriormente, fatores intra e extraescolares que influenciam na construção das qualidades da educação.

Em relação à dimensão extraescolar, os autores definiram dois níveis: "o primeiro refere-se, sobretudo, à dimensão socioeconômica e cultural dos entes envolvidos, [..], o segundo diz respeito à dimensão dos direitos dos cidadãos e das obrigações do Estado" (DOURADO; OLIVEIRA, 2009, p. 207-208). Já em relação aos fatores intraescolares, os autores os agruparam em quatro dimensões, sendo elas: (i.) O plano do sistema que se refere às condições materiais adequadas de oferta do ensino, materiais e ambientes de aprendizagem; (ii.) O plano de escola, o qual está relacionado participação da comunidade na gestão e organização do trabalho escolar, de forma direcionada aos princípios e fins educativos adotados pelas instituições educativas; (iii.) O plano do professor, que envolve a formação, profissionalização e ação pedagógica de modo a valorizar os docentes e engajá-los no processo educativo; (iv.) O plano do aluno diz respeito ao acesso, permanência, engajamento, assim como ao seu desempenho levado em consideração em relação ao seu processo de desenvolvimento e seu pertencimento social e cultural.

Depreendeu-se, pois, da leitura dos autores citados nesta seção, que os aspectos necessários para a construção de uma educação de qualidade socialmente referendada envolvem uma multiplicidade de atributos, alguns dos quais têm relações diretas com a qualidade da educação entendida hegemonicamente e transposta para a legislação da educação.

Foi o caso, por exemplo, dos tempos escolares que podem ser racionalizados com vistas ao alcance de metas e objetivos padronizados, sendo sustentados por práticas meritocráticas e culpabilizadoras, em se tratando da busca pela qualidade total. Ou, por outro lado, podem ser adequados ao processo de desenvolvimento dos processos educativos, levando-se em consideração o contexto desses processos. Ou seja, de maneira dialética alguns atributos podem coincidir, mas divergem quanto aos pressupostos de qualidade da educação almejados. De toda maneira, o fato de determinado atributo da qualidade da educação ser tratado na legislação educacional é revelador de sua importância para a qualidade hegemônica, mas também possibilita a análise da construção dos tempos escolares como um campo de disputa, cujas concepções, princípios e fins educativos foram materializados em diferentes mudanças em sua configuração ao longo da história da educação brasileira.

Ao estudarmos a legislação como a expressão do jogo de forças das classes sociais, em determinada estrutura social pelo seu vínculo com o Estado (cf. MIGUEL, 2013), portanto, entendemos que essa mesma legislação configura a visão hegemônica de qualidade da educação. Diante dessa condição, sua forma atual apresenta heranças de outros tempos em que as formas hegemônicas eram outras, por isso apresentavam outros tratamentos dados aos atributos da qualidade da educação. Entre os atributos explicitados por Dourado e Oliveira (2009), destacamos a categoria dos tempos escolares, tema qual procuraremos articular com a qualidade da educação na próxima seção.

Os tempos escolares e as qualidades da educação: uma articulação necessária

Como desejamos compreender as motivações das transformações dos tempos escolares e sua relação com a qualidade da educação ao longo da história da educação brasileira, assumiu centralidade em nossa análise a primeira dimensão delineada por Dourado e Oliveira (2009; 2007), que toca aos aspectos intraescolares da qualidade da educação.

No que se refere ao "plano do sistema", em especial às condições de oferta do ensino, os autores consideraram ser "possível apresentar algumas qualidades fundamentais ou condições de qualidade que, pela sua presença ou pela sua ausência, representam importantes condições ou fatores para a construção de uma definição de padrão de qualidade" (DOURADO; OLIVEIRA, 2007, p. 16; grifo dos autores).

Para nós, como foi mencionado na seção anterior, essas condições e fatores se relacionam aos atributos desejados para uma educação de qualidade, entre os quais recortamos, diante do nosso enfoque nos tempos escolares, os dois seguintes: "definição de programas curriculares relevantes aos diferentes níveis, ciclos e etapas do processo de aprendizagem [..] jornada escolar ampliada ou integrada, visando a garantia de espaços e tempos apropriados às atividades educativas" (DOURADO; OLIVEIRA, 2009, p. 209).

Consideramos que esses dois atributos relacionados à qualidade social da educação comportam uma relação direta com a construção sócio-histórico e cultural dos tempos escolares e nos permitem avançar a discussão sobre as categorias propostas por Parente (2010; 2006). Isso se deve ao fato de que, no primeiro atributo, encontramos relação com os tempos de escola, porque marca o início do período de escolarização.

Ainda no primeiro atributo, encontramos correspondência com os tempos de escolarização, enquanto o segundo atributo remete mais diretamente aos tempos na escola. Além disso, do entrecruzamento dos dois atributos ressalta-se a emergência dos tempos da escola, o qual permite almejar alternativas espaciais onde se desenvolvem os tempos escolares.

Assim, conforme anunciado anteriormente nesse livro, nos detivemos à análise de seis fatores relacionados às categorias anunciadas. No que concerne aos tempos de escola, destacamos uma análise do (1) início da escolarização anunciado, ou não na legislação, nos revelou parte do tratamento dado à questão. No que tange aos tempos de escolarização, os dados sobre as (2) divisões dos segmentos/

níveis de ensino, dos ciclos de ensino, os (3) anos destinados a cada segmento ou ciclo, e a (4) divisão dos tempos dentro de um mesmo ano proporcionam uma visão geral do ordenamento legal de sua construção histórica. Quanto aos tempos na escola, desdobramos sua análise sobre a (5) quantidade de dias letivos e (6) carga horária anual.

Com isso procuramos contemplar o processo de construção dos tempos escolares em seus aspectos quantitativos e qualitativos confiando, portanto, que haja uma relação entre quantidade dos tempos escolares e qualidade da educação. Ressalta-se que esse pressuposto se origina na evidência de que o tempo é considerado na totalidade da legislação selecionada, por isso o tratamos como um atributo da qualidade da educação oferecida em diferentes períodos. Esses atributos, por sua vez, são construídos neste texto como a expressão do que se pensou em qualidade dos tempos escolares em decorrência das concepções e princípios educacionais direcionados ao que se entendia por qualidade da educação em cada período da história da educação nacional.

Ora, ao assumirmos que os fatores dos tempos escolares compreendidos pelas categorias de Parente (2010; 2006) são condicionantes histórico-sociais e culturais que estão relacionados aos atributos da qualidade da educação, procuramos entender como se deu a construção dos tempos da escola desde o período Colonial até o Regime Militar, ou seja, de 1549 a 1971, conforme periodização expressa na metodologia anunciada na introdução desse texto. Assim, interessa também a repercussão que esses fatores tiveram na definição de qualidade da educação anunciada na legislação educacional após a Reabertura Democrática.

Dessa maneira, procuramos entender como algumas transformações em relação às concepções, princípios e finalidades educacionais, refletiram na definição de "qualidade da educação" adotadas ao longo da história da educação nacional, e qual sua relação com as mudanças dos tempos escolares que observamos atualmente.

Como ficou evidente ao longo deste capítulo, a construção do conceito de qualidade é uma ocorrência que se localiza no início do século XX e passa a repercutir no Brasil principalmente na última década do século (SOARES, 2016). Por isso, quando nos dedicamos a entender a qualidade da educação de outras épocas, reconhecendo que estamos alocados na primeira metade do século XXI, nosso olhar se desloca para os fatores objetivos da transformação dos tempos escolares, como também aspectos subjetivos que foram traduzidos em concepções, princípios e finalidades educacionais.

Concebemos, portanto, que a relação dialética entre o discurso anunciado e os resultados alcançados é indicativo do sucesso ou fracasso ao tratamento dado a essa relação entre tempos escolares e qualidade ao longo da história da educação nacional. De tal feita, nos próximos dois capítulos buscamos analisar as categorias de tempos escolares em relação às concepções, princípios e finalidades que sustentam suas transformações anunciadas na legislação.

Capítulo II

Tempo escolar na legislação da educação brasileira: do Período Colonial até a Primeira República

Neste capítulo promovemos o estudo do início da construção dos tempos escolares na história da educação brasileira, atentando para as mudanças ocorridas e suas relações com as concepções, princípios e finalidades educativos. Procuramos, com isso, compreender como os fatores que motivaram as mudanças na legislação repercutiram nas transformações dos tempos escolares, assim como identificar fatores dos tempos escolares relacionados à qualidade da educação em cada período analisado, a partir do olhar histórico do hoje.

Como ressaltado no capítulo anterior, as concepções, princípios e finalidades educativos orientados pela intenção de "melhorar" a qualidade da educação incidiram sobre as mudanças dos tempos escolares, sendo eles considerados como atributos do processo de qualificação. Esses atributos, por sua vez, se desdobram em fatores organizacionais dos tempos escolares que sofreram alterações ao longo da história, os quais são agrupados nas categorias tempo de escola, tempo de escolarização e tempo na escola proposta por Parente (2010; 2006). Dessa forma, quando tratamos dos fatores relacionados ao período de escolarização total ou da idade de início do processo educativo, contemplamos a categoria tempo de escola; quando tratamos da divisão dos níveis, segmentos, ciclos, semestres procuramos relacionar à categoria tempo de escolarização; e quando falamos da quantidade dos dias letivos tal como da quantidade de horas de estudo anuais nos referimos a categorias tempo na escola.

Tal como advertiu Parente (2010; 2006), consideramos que essas categorias se tencionam de maneira dialética, em especial no que se refere aos tempos na escola que influenciam a demanda da legislação e os processos que acontecem dentro da instituição escolar. De toda forma, como destacamos ao longo desse livro, os tempos escolares atuam como condicionantes do processo educativo, de modo que, mesmo com essa relativa autonomia dos sujeitos diante da legislação, entendemos que ela respalda construções sócio-históricas e culturais que se sedimentaram ao longo da história e outras que se alteraram. Dessas alterações destacamos a questão dos tempos de estudo, que justificaram práticas excludentes neste capítulo, servindo como fator distintivo inicialmente para o acesso ao ensino secundário no Período Colonial, e na Primeira República se tornando o fator que permitia a desvinculação entre o tempo e o espaço escolar no ensino secundário.

Dessa maneira, justificamos a delimitação deste capítulo pela percepção da valorização do tempo de estudos como fator relacionado à busca pela qualidade da educação objetivada em cada período analisado. Atentamos para essa característica excludente dos tempos de estudo porque é a partir dela que percebemos a emergência da categoria tempo da escola, aqui proposta. Por isso, o reconhecimento de suas mudanças é revelador de seus mecanismos, o que nos permite atentar para os riscos de sua manutenção, assim como as possibilidades de sua utilização como tempos da escola.

Período Colonial e o advento dos tempos escolares

No Período Colonial, de acordo com a periodização de Goyena Soares (2016a), o ano de 1548 foi marcado pela implementação do Regimento (equivalente da Constituição nacional), documento a partir do qual a administração da educação no Brasil-Colônia foi posta a encargo da Companhia de Jesus. Nas diretrizes constantes no documento (17/12/1548) assinado por D. João III, demonstrou-se a intenção de, por meio da catequese e instrução, converter o indígena à visão de mundo colonialista, tendo como finalidade a ocupação territorial (RIBEIRO, 1992, p. 20).

Dessa forma, atribui-se o início da história da educação brasileira aos padres da Companhia de Jesus, os jesuítas, a partir de 1549, tendo sido eles os criadores das primeiras escolas e exercido o papel de primeiros professores. Com a orientação jesuíta, a educação foi orientada pelos princípios escolásticos (SHIGUNOV NETO; MACIEL, 2008; SHIGUNOV NETO, 2015), os quais estavam centrados nos seguintes enunciados:

> [..] a busca da perfeição humana por intermédio da palavra de Deus e a vontade dos homens; a obediência absoluta e sem limites aos superiores; a disciplina severa e rígida; a hierarquia baseada na estrutura militar; e a valorização da aptidão pessoal de seus membros. (SHIGUNOV NETO; MACIEL, 2008, p. 171).

Dado este estreito alinhamento de cunho religioso, em se tratando da análise da construção dos tempos escolares, cabe pontuar que no período anterior a publicação do *Ratio Studiorum* (1599) houve uma transição entre os calendários adotados pela Companhia de Jesus. Trata-se da substituição do calendário juliano pelo calendário gregoriano promulgado em 1582 pelo Papa Gregório XIII. No entanto, essa mudança de calendário não afetou o quantitativo de dias anuais, permanecendo os mesmos 365.

Conforme Hansen (2010), as normas gerais para a organização e manutenção dos estudos oferecidos pelos jesuítas encontraram amparo nas Constituições da Companhia de Jesus, que separava os estudos entre inferiores, ou humanísticos; e superiores, que correspondiam à formação nas universidades de Teologia e Filosofia. Em relação aos estudos inferiores, conforme a parte quatro das Constituições, no item 3-B, sua organização se daria em cinco classes, sendo elas três de gramática, uma de letras humanas e outra de retórica (IGNÁCIO DE LOYOLA, 1997).

Hansen (2010) assinala que o ensino oferecido para os índios diferia daquele executado nos colégios, pois buscava promover paralelamente a catequese e o ensino de primeiras letras. Ora, de acordo com a leitura das Constituições da ordem jesuíta (IGNÁCIO DE LOYOLA, 1997), assim como em Hansen (2010), podemos considerar que no início da educação deste País três níveis de ensino eram oferecidos: o equivalente ao secundário (estudos inferiores), o ensino universitário de Teologia e Filosofia (superiores), de maneira oficial; e o ensino das primeiras letras, de cunho elementar, que não estava previsto no documento.

Nesse ponto é necessário mencionar que, de acordo com a leitura das Constituições da Companhia de Jesus (IGNÁCIO DE LOYOLA, 1997), o ensino da segunda metade do século XVI no Brasil-Colônia era praticado em regime de internato e externato, sendo que em ambos os casos era necessário seguir a doutrina da Igreja Católica. De tal forma, podemos depreender um número aproximado de feriados que aconteciam ao longo do ano, a partir da leitura do terceiro mandamento da Bíblia Católica (santificar os domingos e festas de guarda).

Nesse sentido, para efetuar o cálculo aproximado dos dias letivos anuais dessa primeira fase da educação jesuíta no Brasil, recorremos à leitura dos feriados e dias de guarda estabelecidos no *Ratio Studiorum*, conforme detalhado mais adiante, o que totaliza 17 dias. Soma-se a isso a reserva dos 52 domingos para as obrigações católicas, resultando em 62 dias a serem subtraídos dos 365 anuais, o que gera um total de aproximadamente 300 dias de aulas anuais. Cabe mencionar que, de acordo com Hansen (2010), nas Constituições de 1548 e 1550 ficou estabelecido que nos domingos haveria conclusões públicas de estudos de poética e retórica e nos sábados conclusões especiais para cada sala, sendo o primeiro sábado de cada mês dedicado a conclusões solenes. Para o autor:

> Nos colégios, a retórica ocupava quatro horas por dia, duas de manhã e duas à tarde. Na primeira hora da manhã, um discurso de Cícero era recitado de cor e

> o mestre explicava seus preceitos. Na segunda hora, a primeira meia hora era ocupada com repetições e a correção de trabalhos de alguns alunos [..]. Na segunda meia-hora, fazia-se a explicação de um trecho do poema ou da prosa [..]. À tarde, na primeira hora, dava-se a explicação de um discurso de Cícero, [..]. Na segunda hora, estudavam-se autores gregos [..]. (HANSEN, 2010, p. 105).

Na parte quatro das Constituições da Companhia de Jesus (IGNÁCIO DE LOYOLA, 1997) – Como instruir nas letras e em outros meios de ajudar o próximo os que permanecem na Companhia – encontramos no capítulo oito (Método e ordem a seguir nessas matérias), que dispõe sobre a organização dos tempos escolares, os termos tempo e outros marcadores de ciclos (semana, horas) de forma recorrente, o que deixa evidente a preocupação com o fator temporal.

Essa preocupação em relação ao tempo pode ser observada também no último parágrafo do capítulo oito da parte quatro, em que se lê o seguinte: "Ao menos um dia da semana, haverá feriado depois da refeição. Quanto ao mais, consulte-se ao Provincial sobre a ordem a seguir nos feriados e nas interrupções ordinárias dos estudos". Ou seja, mesmo nos dias de descanso semanal este se daria somente no período da tarde. Assim, do total de 300 dias multiplicados pelas quatro horas de estudos diários (subtraídas duas horas de feriado semanal) teríamos um total aproximado de 1100 horas de estudos.

Dado que nosso foco neste capítulo está centrado no ensino correspondente à educação básica atual (BRASIL, 1996), ou seja, o que seria equivalente aos estudos inferiores e ao ensino elementar do Período Colonial, sistematizamos a organização dos tempos escolares na primeira manifestação da educação formal nessas terras, com as seguintes informações no Quadro 01:

Quadro 01: organização do ano letivo segundo as Constituições da Companhia de Jesus.

Segmento de ensino	Ensino elementar	Estudos inferiores
Duração mínima em anos	Não é mencionado	5
Dias letivos por ano	300 dias letivos	
Dias letivos por semestre	Não é especificado no documento	
Carga horária mínima anual	1100h	

Fonte: organização própria.

Outrossim, no ano de 1599 foi promulgada a compilação das experiências educativas de sucesso da Companhia de Jesus sob o título de *Ratio Studiorum*/1599, documento que reafirmou a regras contidas nas Constituições e as organizou em um documento único. A partir de então, o ensino oferecido em contexto nacional pela Companhia de Jesus foi norteado pelo documento (HANSEN, 2010).

De acordo com Franca (1952), no estudo do *Ratio Studiorum*/1599, o ensino oferecido pela Companhia de Jesus tinha como propósito fortalecer as identidades nacionais, formando o homem nobre, o bom cristão. Ribeiro (1992) e Shigunov Neto (2015) apontam que o compromisso principal da ordem religiosa seria preparar os futuros clérigos para a Igreja, o que seria alcançado por meio do ensino voltado à formação humanística ampla, cujos princípios condizem com os anunciados anteriormente.

Ao analisar as regras do *Ratio Studiorum*/1599 dirigidas aos prefeitos de estudos inferiores, percebemos que a definição dos tempos de escola não seguia a cronologia correspondente à idade biológica, de maneira que o início do processo de escolarização sofria grande variação. Como critérios de admissão, por exemplo, encontramos o seguinte no *Ratio Studiorum*/1599:

> 11. Os que verificar que estão bem instruídos e são de bons costumes e boa índole, admita; [..] e note ainda o dia e ano em que foram admitidos. Por último, de-

> termine-lhe a classe e o professor que lhe convêm, de modo que lhe pareça mais haver merecido uma classe mais elevada do que se achar abaixo daquela em que foi colocado. [..] Na última classe, de regra, não admita rapazes já crescidos nem crianças muito novas, a menos que sejam notavelmente bem dotados mesmo se os pais os houvessem enviado só para terem uma boa educação. (FRANCA, 1952, p. 68).

Essa formação oferecida para as "crianças" e "rapazes", por sua vez, foi estruturada em três diferentes percursos de aprendizagem, a citar o curso Teológico, o Filosófico e o Humanista, sendo os dois primeiros de formação universitária e o último referente ao ensino secundário. A grade do curso Humanista, de caráter propedêutico, era distribuída em cinco classes concomitantes, sendo elas Retórica, Humanidades, Gramática Superior, Gramática Média e Gramática Inferior.

Para que se atingissem as finalidades estabelecidas no *Ratio Studiorum*/1599, o documento abordou com bastante especificidade a questão do tempo para aplicação do projeto educativo da Companhia de Jesus. De acordo com Parente (2010):

> [..] o delineamento da organização curricular jesuítica segue uma ordenação de classes e etapas que se sucedem. Além disso, essa organização curricular não se faz sem definição do tempo de estudo diário e semanal, evidenciando a importância do elemento tempo para a consecução dos objetivos educacionais dos jesuítas. (PARENTE, 2010, p. 141).

Dada essa preocupação dos jesuítas, o calendário anual foi definido com certo rigor no *Ratio Studiorum*/1599, levando-se em consideração os domingos e feriados católicos, além dos sábados serem dias letivos. De tal feita, os dias de feriado que deveriam ser observados durante ano, antes subtraídos do que acrescentados, eram os seguintes:

> 36 - §3. [..] os cursos inferiores, da tarde da mesma Véspera do Natal até a festa dos inocentes. §4. Na Quinquagésima, onde for costume, não haja aula até Quarta-feira de Cinza; neste dia, porém, todos os professores deem as aulas da tarde. §5. [..], e nos inferiores, desde a tarde de quarta-feira santa até a terça-feira de Páscoa, não haverá aulas. §6. Da Vigília de Pentecostes nos cursos superiores, e nos outros da tarde da mesma Vigília até terça-feira, não haverá aula, como também na quinta-feira. §7. Na Véspera da Festa do Corpo de Deus, em todos os cursos, superiores e inferiores, não haverá aulas só depois de meio-dia; ao invés, na Comemoração de todos os defuntos, só antes do meio-dia. (FRANCA, 1952, p. 50).

De acordo com isso, o período que corresponde da véspera de Natal até a festa dos inocentes (28 de dezembro) somaria 5 dias que não seriam letivos, outros 2 correspondentes ao período da quinquagésima até a Quarta-feira de Cinzas, mais 6 dias até a terça de Páscoa, mais 3 dias da Vigília de Pentecostes (sábado e domingo) até a terça-feira, além de uma quinta-feira na mesma semana, o que resulta em um subtotal de 17 dias consagrados ao atendimento dos preceitos católicos. Além disso, haveria 1 dia de descanso semanal, montante do qual deveriam ser subtraídos os 4 dias das semanas em que haveria feriado religioso, e os 52 domingos do ano, gerando um subtotal de 98 dias. Isso resulta em um total aproximado de 115 dias nos quais não haveria aulas.

O período de férias gerais variava de acordo com o progresso dos estudantes diante das etapas do currículo, conforme especificado no excerto seguinte:

"[..] Na retórica, a menos que não se oponha o costume da universidade, as férias durem um mês; em humanidades, três semanas; na gramática superior, duas; nos outros cursos, uma" (FRANCA, 1952, p. 51). Assim sendo, os dias letivos anuais seriam em torno de 240, levando-se em consideração uma semana de férias dos cursos de Gramática média e inferior; 235 nos de Gramática superior e humanidades; e 215 nos de Retórica, de acordo com nosso cálculo.

No que hodiernamente corresponde ao segundo ciclo do ensino fundamental e do ensino médio, os estudantes que desenvolviam o curso Humanista frequentavam as aulas no período da manhã das 8h às 10h e na tarde das 15h às 17h, com adicional de meia hora por período, para que os estudantes pudessem tirar dúvidas com os professores, totalizando cinco horas diárias (PARENTE, 2010; RIBEIRO, 1992). Conseguintemente, a quantidade de estudos mínimos estava em torno de 1075 horas, no que corresponderia ao ensino secundário. Por esse ponto de vista, da leitura documental podem ser depreendidos os aspectos referentes à organização temporal sintetizados no Quadro 02:

Quadro 02: organização do ano letivo segundo o *Ratio Studiorum*/1599.

Segmento de ensino	Currículo Humanista/secundário
Duração mínima em anos	5
Dias letivos por ano	215
Dias letivos por semestre	Não é especificado no documento
Carga horária mínima anual	1075h

Fonte: organização própria.

De acordo com Franca (1952) a finalidade principal do ensino delineado no *Ratio Studiorum*/1599 era a educação integral do aluno, formando-o nas diversas dimensões. Nos cursos inferiores (de humanidades), o *Ratio Studiorum*/1599 dispunha do emprego de preleções, de emulações, teatro e prática diária de culto a fé católica, por meio do que seriam proporcionadas as condições necessárias para a formação de um homem dotado de inteligência, moral, ética, empatia etc. Nesse sentido, podemos inferir que na visão de Franca (1952), Shigunov

Neto (2008) e Maciel e Shigunov Neto (2015) a educação oferecida pelos jesuítas apresentava aspectos ligados à qualidade educacional. Entre os quais destacamos o tratamento dado aos tempos escolares, em especial, à sua relação com os tempos de escolarização.

Percebemos, por exemplo, que ao avançar nos estudos os estudantes necessitariam de um período menor na etapa seguinte, sendo as férias mais longas para os que mais tivessem avançado. Além disso, destacamos o papel da organização sequencial dos estudos relacionados a um espaço escolar, mas não necessariamente ao período de um ano. Assim, a qualidade da educação desse período parece estar relacionada à distribuição do tempo com relação ao aproveitamento dos estudantes, de forma que a duração anual (a quantidade de dias estudados) não seria o principal fator para a garantia apontada por alguns autores (GADOTTI, 2013).

Quando o choque de interesses políticos culminou na expulsão da Companhia de Jesus em 1759, "surge [..] um ensino público propriamente dito. Não mais aquele financiado pelo Estado, mas que formava o indivíduo para a Igreja, e sim o financiado pelo e para o Estado" (RIBEIRO, 1992, p. 34). De acordo com Ribeiro (1992), pois não localizamos legislação específica para a educação dessa época[1] que tratasse dos tempos escolares, as ações voltadas para a educação pública consistiram em: "[..] simplificar e abreviar os estudos fazendo com que um maior número se interessasse pelos cursos superiores [..]" (p. 34).

Nessa mesma direção, Romanelli (1986) anotou:

> Inúmeras foram as dificuldades daí decorrentes para o sistema educacional. Da expulsão até as primeiras providências para substituição dos educadores e do sistema jesuítico ocorreu um lapso de 13 anos. Com

1 Trata-se de um período em que foi implantada a Reforma Pombalina, em meados do século XVIII, de acordo com Ribeiro (1992)

> a expulsão, desmantelou-se toda uma estrutura administrativa de ensino. A uniformidade da ação pedagógica, a perfeita transição de um nível escolar para o outro, a graduação, foram substituídas pela diversificação das disciplinas isoladas. (ROMANELLI, 1986, p. 36).

Diante da chegada da família real em 1808, houve a elevação do Brasil à categoria de Reino Unido, sendo sentido um grande investimento em educação, que incidiu sobre a criação das primeiras faculdades brasileiras. Em contrapartida, no que se refere ao ensino de base pouco se alterou, em especial em relação à organização dos tempos escolares. Por outro lado,

> Os projetos educacionais propostos por D. João VI implementaram medidas educacionais que acabaram dando origem à estrutura do ensino imperial, composta pelos níveis de ensino primário – que correspondia às tradicionais escolas de ler e escrever –; ensino secundário – composto pelas aulas régias e pelos cursos profissionalizantes; e ensino superior. (SHIGUNOV NETO, 2015, p. 71).

Ademais, devido às reivindicações do povo português diante da expulsão dos franceses de suas terras na Europa em 1809 e domínio dos ingleses, a família real e sua corte são convocadas a retornar a sua pátria e o fazem em 1821. Isso gerou um ambiente propício para a emergente elite da colônia, pungente e descontente com a situação econômica geral que voltara a se agravar, pudesse reivindicar a independência nacional.

Tempos de estudo no Segundo Reinado

À breve permanência da família real nessas terras sucedeu-se a Independência brasileira em 1822, o que iniciou o Primeiro Reinado, resultando na promulgação da Constituição do Império em 1824 (GOYENA SOARES, 2016a). De acordo com Ribeiro (1992), após a independência político-econômica nacional, nas discussões em torno da aprovação da Constituição de 1824, estabeleceu-se como meta a criação de um sistema nacional de educação, por meio da construção de escolas primárias em cada localidade, ginásios em cada comarca e universidade em locais estratégicos. Além disso, no artigo 179, parágrafos XXXII e XXXIII, foram definidas sua gratuidade e as formas de financiamento dos estabelecimentos educativos.

Mais adiante na cronologia, por meio da Lei de 15 de outubro de 1827 (assim denominada), os presidentes das províncias foram instruídos a promover a racionalização das escolas de primeiras letras, encerrando as atividades daquelas que não atendessem grande número de estudantes e remanejando os docentes para outras escolas onde havia necessidade. Isto está relacionado aos constantes problemas econômicos que impediam, ou justificavam a falta de investimento na estruturação de um sistema nacional de educação, o que ficou bastante evidente com a publicação do Ato Adicional à Constituição em 1834, e que apresenta paralelos até no ano de 2021 no que se refere às escolas rurais e de Educação de Jovens e Adultos (EJA).

Esse Ato descentralizava a responsabilidade do governo central, ao mesmo tempo em que incumbia as províncias quanto ao estabelecimento e financiamento dos sistemas educacionais (RIBEIRO, 1992; ROMANELLI, 1986; SHIGUNOV NETO, 2015). Tal determinação dava mais autonomia a elas isentando o governo central de preocupações quanto à educação oferecida durante o Segundo Reinado. Além disso:

> A partir do Ato Adicional, configuram-se dois sistemas de ensino secundário: o sistema regular seriado e o sistema irregular. O primeiro era oferecido no Colégio Pedro II (criado em 1837), nos Liceus provinciais e em alguns estabelecimentos particulares. O segundo, predominante, era constituído pelos cursos preparatórios que permitiam o ingresso no ensino superior sem a conclusão do ensino secundário regular, bastando o aluno ser aprovado nos exames parcelados. (ZOTTI, 2005, p. 34).

Durante o Segundo Reinado, por meio da legislação, houve a tentativa de se estabelecer a organização do ensino secundário, sendo criados liceus nas províncias. Entre as instituições de ensino criadas nesse período estava o Colégio Pedro II, que passou a funcionar na então capital do Império (Rio de Janeiro) desde 1837, e que se pretendia que servisse de modelo para os outros espaços educativos das províncias.

Ainda nesse período da história educacional brasileira, em 17 de fevereiro de 1854 foi publicado o Decreto número 1.331-A/1854, o qual se destinava especificamente à organização do ensino primário e secundário e dispunha sobre sua obrigatoriedade para o primeiro nível sob pena de multa para os responsáveis pelos estudantes que não cumprissem a legislação. Além disso, dando continuidade às preocupações com a educação pública iniciadas com as Reformas Pombalinas[2], percebe-se, pelo menos na legislação, uma maior preocupação com os estudos iniciais. Com isso, conforme o artigo 48 do Decreto 1.331-A/1854, ficam formalizados dois ciclos de estudos da educação de base: o primário e o secundário.

---

2 Segundo Ribeiro (1992), as Reformas Pombalinas representaram uma tentativa de modernizar Portugal tirando-se o máximo de proveito das colônias. Com isso, houve a necessidade da criação de um aparato estatal representado por funcionários públicos, dos quais pressupunha-se a necessidade de pelo menos educação elementar.

Ainda de acordo com o mesmo artigo, o primário seria dividido em duas classes, "[..] A huma pertencerão as de instrucção elementar, com a denominação de escolas do primeiro gráo. A outra as de instrucção primaria superior com a denominação de escolas do segundo gráo" (BRASIL, 1854). De toda forma, o ensino primário poderia ser iniciado a partir dos 5 anos de idade e não ultrapassando os 15 (conforme artigo 70). Em relação à duração do ensino secundário, este estaria dividido em sete anos, sendo promovido principalmente pelo Colégio Pedro II, e sob regime de inspeção nas outras escolas da corte e das províncias.

Quanto ao período letivo anual (tempo de escolarização), este teria algumas regras comuns estabelecidas no artigo 74 do Decreto 1.331-A/1854, reproduzido a seguir:

> Nas escolas públicas serão feriados, além dos domingos e dias de guarda, os de festividade nacional marcados por Lei, os de luto nacional declarados pelo Governo, os de entrudo desde segunda até quarta feira de Cinza, os da semana Santa, os da semana da Paschoa, e os que decorrem desde 20 de Dezembro até 6 de Janeiro. (BRASIL, 1854).

Pela leitura do artigo, percebemos que permaneceu a influência da Igreja Católica na manutenção dos tempos escolares, sendo o terceiro mandamento do livro do Êxodo incorporado à escrita do texto, no que se refere aos feriados do domingo e dias de guarda. No mais, foram incorporados os feriados nacionais, entre os quais se destaca o dia 7 de setembro, dia da Independência, comemorado desde o ano de 1822.

Dessa maneira, subtraídos os 52 domingos do ano, os 9 dias de guarda, 3 dias de entrudo e 6 dias da Semana Santa (sem repetir a contagem do domingo), 16 dias do período de dezembro a janeiro e o feriado da Independência (exceto os 2 domingos), dos 365 dias anuais teríamos um número aproximado de 270 dias letivos.

Dado que as instituições educativas gozavam de autonomia quanto à organização dos tempos escolares, não é possível estimar uma quantidade de horas de estudos anuais pela leitura do documento, nem mesmo em termos aproximados, como procedemos nos 270 dias. Por isso, nos apropriamos de Faria Filho e Vidal (2000), os quais expuseram que em grande parte dos espaços educativos observava-se o seguinte: "Não raramente o período escolar de 4 horas era dividido em duas sessões: uma das 10 às 12 horas e outra das 14 às 16 horas" (FARIA FILHO; VIDAL, 2000, p. 15).

Em relação à divisão anual, compreende-se que os estudos eram distribuídos em trimestres, sem, todavia, ser estipulado objetivamente um período de férias. Ademais, cabe mencionar a crítica elaborada por alguns historiadores da educação no Brasil quanto ao fato de que, no curso secundário, permaneceram as características de preparação para o acesso às universidades, ou seja, houve continuidade do ensino propedêutico, sendo a duração dos tempos de escola muitas vezes reduzida (RIBEIRO, 1992; ROMANELLI, 1986; SHIGUNOV NETO, 2015).

No ano de 1855, com a publicação do Decreto 1.556/1855, passou-se a dividir o ensino secundário em dois ciclos - o ensino de 1ª classe e o ensino de 2ª classe, correspondendo o primeiro ao intervalo de quatro anos e o segundo de três, conforme o artigo 4. Além disso, houve uma nova organização do calendário anual do ensino secundário, a qual podemos perceber pela leitura do artigo 19, a seguir:

> Serão feriados no Collegio, além dos domingos e dias santos de guarda. Os de festividade nacional marcados por Lei. Os de luto nacional declarados pelo Governo. Os de entrudo, desde segunda até quarta feira de cin-

> za. Os da semana santa. As quintas feiras, não havendo outro feriado na semana. E os dias que decorrerem desde o encerramento dos trabalhos do anno lectivo até o dia 3 de Fevereiro seguinte. (BRASIL, 1855).

De acordo com o artigo 21 do Decreto 1.556/1855, o período letivo se encerrava no dia 31 de outubro de forma que até o dia 3 de fevereiro seria abrangido um total de 95 dias. Somados 15 dias aproximados (período de férias e exames), dos 52 domingos anuais, os estudantes descansariam por volta de 37 domingos durante o período letivo, além de 4 dias de guarda (correspondente ao período letivo), 3 de entrudo, 6 da Semana Santa e mais as aproximadas 30 quintas-feiras teríamos um número próximo a 80 dias nos quais não haveria aula. Dessa maneira, os 95 dias de férias e mais os 80 de feriados e dias de descanso, subtraídos dos 365 dias anuais resultariam em um total aproximado de 190 dias letivos anuais para o ensino secundário.

Diante dessa análise, e multiplicadas as quatro horas diárias apontadas por Faria Filho e Vidal (2000), no período posterior à publicação do Decreto 1.331-A/1854 e do Decreto 1.556/1855, a organização dos tempos escolares esteve configurada da seguinte maneira no Segundo Reinado:

Quadro 03: organização do ano letivo segundo Decreto 1.331-A/1854 e do Decreto 1.556/1855.

Segmento de ensino	Ensino primário		Ensino secundário	
Ciclo	1ª classe	2ª classe	1ª classe	2ª classe
Duração mínima em anos	2		4	3
Dias letivos por ano	270		190	
Dias letivos por semestre	Divisão trimestral			
Carga horária mínima anual	1080		760	

Fonte: organização própria.

Pelo que entendemos da leitura do Decreto 1.556/1855, a qualidade da educação desse período estaria relacionada a um tempo mínimo de frequência diante do número total de aulas, sendo permitidas 45 faltas não justificadas durante o ano letivo e 135 justificadas, conforme o artigo 20. Ou seja, o atrelamento da assiduidade a um tempo escolar seria tomada como garantia de que o processo educativo atingisse seus propósitos. Isso se relaciona com o que se depreende da leitura de Shigunov Neto (2015), na qual encontramos também que o ensino oferecido carregava consigo predominantemente uma concepção liberal.

No caso do Segundo Reinado, ainda, foi publicado, no ano de 1879, o Decreto 7.247, o qual versava sobre a reforma dos ensinos primário e secundário no município da corte (Rio de Janeiro) e do ensino superior em todo o Império. De acordo com Ribeiro (1992), foram adotadas algumas medidas na legislação consideradas necessárias para impulsionar a educação pública do País, estando tais medidas centradas na liberdade do magistério privado, na liberdade da frequência dos estudantes e na liberdade da prática de ensino.

No que se refere à organização dos tempos de escolarização, em especial os níveis de ensino, as escolas primárias passariam a oferecer os ciclos de 1º e 2º graus, sendo a duração anual de cada segmento ou ciclo estabelecida de acordo com o artigo 4, parágrafo 2, do qual temos o seguinte:

> As escolas, tanto do 1º como do 2º grão, funccionarão durante o verão (do 1º de Outubro a 31 de Março) das 8 1/2 horas da manhã ás 2 1/2 da tarde, e durante o inverno (do 1º de Abril a 30 de Setembro) das 9 ás 3 horas da tarde, interrompendo-se os trabalhos do meio dia á 1 hora para recreio dos alumnos, pratica manual de officios e exercicios de gymnastica, sob as vistas do Professor ou adjunto. Para os alumnos menores de 10 annos deverão os trabalhos escolares terminar ao meio dia. (BRASIL, 1879).

Pelo que se observa da leitura do parágrafo 2, no que toca aos períodos relacionados às estações do ano, ou seja, verão – do 1º de outubro a 31 de março – e inverno – do 1º de abril a 30 de setembro –, não é possível estabelecer uma somatória dos dias letivos anuais, pois não são estabelecidos os dias de feriados, descansos semanais e períodos de férias escolares do ensino primário. De toda forma, podemos entender que o ensino de primeiro grau seria desenvolvido ao longo de 8 anos de estudos (dos 7 até 14 anos), sem uma divisão específica para o primeiro e segundo graus do ensino primário.

Dada a carência na localização dos dias não letivos, fica impossível determinar qual a quantidade de horas de aulas anuais, mesmo sabendo-se que estas seriam desenvolvidas ao longo de três horas nos dias de inverno e cinco nos de verão. Por isso, em relação ao Decreto 7.247/1879, não foi desenvolvido um quadro síntese das informações, porém optou-se por mencioná-lo dado que os tempos escolares são contemplados em parte no documento.

No que se refere à qualidade da educação pretendida no final desse período, percebemos pelo artigo 2 do Decreto 7.247/1879 que os tempos de escolarização estavam condicionados aos programas das escolas primárias, sendo que a idade dos 7 aos 14 anos seria estendida caso não houvesse bom aproveitamento por parte dos estudantes durante esse intervalo de tempo (parágrafo 2). Dessa forma, a quantidade de anos de estudo era determinada pelo alcance dos objetivos propostos nos programas das escolas e cuidada sob prejuízos financeiros para aqueles que não a cumprissem. Por outro lado, no mesmo artigo 2, encontramos o seguinte:

> Esta obrigação não comprehende os que seus pais, tutores ou protectores provarem que recebem a instrucção conveniente em escolas particulares ou em suas proprias casas, e os que residirem a distancia maior, da escola publica ou subsidiada mais proxima, de um

> e meio kilometro para os meninos, e de um kilometro para as meninas. (BRASIL, 1979).

Ou seja, paralelamente à obrigatoriedade da assiduidade, também estava previsto o desatrelamento do tempo de estudos do espaço escolar. Apesar disso, conforme o artigo 5 do decreto 7.247/1879, previu-se a criação de "jardins da infância" pela iniciativa particular, além dos cursos normais que deveriam ocorrer no período da tarde e da noite (artigo 9, parágrafo 6), o que anunciou a extensão dos tempos de escolarização na legislação.

Os tempos de estudo na Primeira República

Lourenço Filho (1954) destaca que no final do século XIX os sistemas públicos de educação nacional, por motivos políticos e imperativos da ordem social, passaram a expandir-se. Nesse contexto, de acordo com o autor, assumiu grande relevância em contexto nacional o pensamento de Rui Barbosa, a quem Lourenço Filho (1954) atribui uma obra pedagógica, a qual é creditada a categoria de teoria educativa.

A maior parte da produção pedagógica do autor não está localizada no período da Primeira República, mas em meados do Segundo Império quando atuava como deputado pelo estado da Bahia. Lourenço Filho (1954), em uma tentativa de sistematizar a produção de Rui Barbosa sobre educação, destaca que ela se inicia com as preocupações com o projeto de reforma do ensino primário e secundário no município da corte (Decreto 7.247/1879).

A partir da leitura dos pareceres e outros documentos publicados por Rui Barbosa, Lourenço Filho (1954) procura constituir um quadro que sistematiza as características da produção do deputado, ao que relaciona os princípios da organização da educação. Quanto a isso, Rui Barbosa (apud LOURENÇO FILHO, 1954) se posiciona da seguinte maneira: "Ninguém contestará a necessidade de organizar, rigorosamente, nas condições mais perfeitas de excelência e eficácia, o ensino oficial" (p. 28). Diante dessa constatação de Rui Barbosa, percebemos a preocupação com a excelência e eficácia, termos sintomáticos de preocupação com aspectos relacionados principalmente à qualidade da educação hegemônica (LOURENÇO FILHO, 1954).

De acordo com Ribeiro (1992), na transição do período monárquico para o período republicano, entre os anos de 1885 e 1888, ganharam corpo os ideais positivistas, intensificados com o progresso do capitalismo industrial, a utilização das novas formas de combustível, comunicação e transporte. Nessa nova dinâmica social, uma série de mudanças foi observada na sociedade, as quais acabam por culminar na Proclamação da República, no ano 1889. Essas transformações, segundo Shigunov Neto (2015), foram concretizadas na apresentação de propostas de reformas educacionais para todos os níveis de ensino.

No ano de 1891, a publicação da Constituição Federal previu, em seu artigo 72, parágrafo 3, que o ensino ministrado nos estabelecimentos públicos deveria ser leigo. Nesse contexto, adotou-se uma nova visão de educação associada "à construção de um Estado democrático e fundamentada na crença do papel da educação como instrumento de reforma política" (p. 113), cujos "princípios orientadores concentravam-se na "[..] liberdade e laicidade, como também a gratuidade da escola primária" (RIBEIRO, 1992, p 68).

Essa nova perspectiva educativa seria objetivada no Decreto 981/1890, no qual a escola primária fora reorganizada de maneira graduada, uma de primeiro grau para as crianças de sete até 13 anos e a de segundo grau para os jovens de 13 até 15 anos, delimitando, assim, os tempos de escola a partir dos sete anos.

Além disso, conforme o artigo terceiro, em seu primeiro parágrafo, temos que o ensino de primeiro grau seria dividido em três cursos/ciclos: "o elementar (para alumnos de 7 a 9 annos), o médio (para os de 9 a 11) e o superior (para os de 11 a 13), sendo gradualmente feito em cada curso o estudo de todas as matérias". O Decreto 981/1890 ainda expressou que o ensino primário de segundo grau seria organizado em três classes.

Quanto ao ensino secundário, denominado ginásio, procurou-se romper com seu caráter propedêutico, mas manteve-se provisoriamente os regimes de internato e externato, sendo sua organização distribuída em sete anos, conforme aponta o artigo 26 do documento.

No que se refere à organização temporal do ensino anual, não é estabelecido objetivamente um período de férias gerais. Em contrapartida estipulou-se, no artigo 32 do documento, o seguinte: "As aulas do Gymnasio Nacional abrir-se-hão a 1 de março e encerrar-se-hão no dia 30 de novembro de cada anno; logo em seguida se procederá aos exames".

Pela leitura do documento não é possível afirmar quais eram os feriados anuais e quais eram os dias letivos semanais, por isso para estabelecer uma contagem o mais fiel possível recorremos ao Decreto 248/1894, o qual estabeleceu as bases para desenvolvimento do regimento interno das escolas primárias públicas do estado de São Paulo.

No artigo 32 do Decreto 248/1894 ficou estabelecido que as aulas não cessariam, exceto nas seguintes situações:

> 1°. Nos domingos. [..]. 3.° No dia 21 de Abril. 4.° No dia 3 de Maio. 5.° No dia 13 de Maio. 6.° Nos dias que decorrerem de 20 a 30 de junho. 7.° No dia 14 de Julho. 8.° No dia 7 de setembro. 9°. No dia 12 de Outubro. 10.° No dia 2 de Novembro. 11.° No dia 15 de Novembro. [..]. 13.° Na quinta, sexta e sabbado da Semana Santa [..]. (BRASIL, 1894).

De tal feita, de acordo com o Decreto 981/1890, o período letivo anual no Colégio Pedro II compreenderia a 274 dias distribuídos em 39 semanas e mais 1 dia, dos quais, subtraídos os 39 domingos semanais, teríamos algo próximo a 235 dias letivos no ano. Conforme o Decreto 248/1894, teríamos os 10 dias de férias no mês de junho, mais 11 dias de feriado, os quais subtraídos dos 235 dias anuais determinados no Decreto 981/1890, resultaria em um total de aproximadamente 215 dias letivos anuais.

No parágrafo único do artigo 25 do Decreto 981/1890 ficou estabelecido que os estabelecimentos de ensino administrados pelo governo central teriam o mesmo programa de ensino, o qual consta anexado ao texto do decreto. Por meio da contagem das horas destinadas aos estudos dos conteúdos do ensino primário de segundo grau é possível depreender que seriam necessárias vinte e quatro horas semanais de estudos. Multiplicando-se as 39 semanas contabilizadas no parágrafo anterior, com as 24 horas semanais teríamos um número aproximado de 936 horas.

De acordo com essas informações, o Quadro 04 representa uma visão geral da configuração temporal após a Proclamação da República, como podemos verificar a seguir:

Quadro 04: organização do ano letivo do acordo com o Decreto 981/1890.

<table>
<tr><td>Segmento de ensino</td><td colspan="3">Ensino Primário – 1º grau</td><td>Ensino Primário – 2º grau</td><td colspan="2">Ensino Secundário</td></tr>
<tr><td rowspan="2">Duração mínima em anos</td><td>elementar</td><td>médio</td><td>superior</td><td rowspan="2">3</td><td>Huma-nística</td><td>técnica</td></tr>
<tr><td>3</td><td>2</td><td>2</td><td colspan="2">7</td></tr>
<tr><td>Dias letivos por ano</td><td colspan="6">215 dias letivos</td></tr>
<tr><td>Dias letivos por semestre</td><td colspan="6">Não é especificado no Decreto 981.</td></tr>
<tr><td>Carga horária anual</td><td colspan="4">936</td><td colspan="2">Não é especificado.</td></tr>
</table>

Fonte: organização própria

Para Shigunov Neto (2015, p. 108), essa reforma representou uma nova fase do ensino secundário no Brasil, por meio do que se buscou "superar o caráter exclusivamente preparatório do ensino secundário, conferindo-lhe o de uma verdadeira formação educativa".

Em contrapartida, pudemos observar pela leitura do artigo 1, parágrafo 4, que os tempos escolares ainda não estavam vinculados somente ao espaço escolar, pois a educação ainda poderia ser dada pelas famílias, sendo ela livre e isenta de qualquer inspeção oficial. Outro aspecto que observamos desse período, o qual relacionamos aos pressupostos de qualidade da educação para a época, foi a divisão por ciclos de estudos, ou, mais especificamente, uma maior segmentação dos tempos de escolarização, conforme visto no artigo 3.

De acordo com Ribeiro (1992):

> Com a sociedade brasileira se desenvolvendo em base urbano- comercial desde a segunda metade do século XIX, o analfabetismo passa a se constituir um problema, porque as técnicas de leitura e escrita vão se tornando instrumentos necessários à integração em tal contexto social. (RIBEIRO, 1992, p. 75).

Inspirado nos ideais liberais e nos princípios da liberdade e laicidade da educação oficial, o Decreto 11.530/1915, no artigo 158, expôs o seguinte: "[..] se fará em cinco annos um curso gymnasial suficiente para ministrar aos estudantes solida instrucção fundamental, habilitando-os a prestar, em qualquer academia, rigoroso exame vestibular". Com isso, o avanço dos estudantes, pelo que se lê, se vincularia a quantidade de anos de estudos em forma de graduações, mas a função propedêutica do ensino secundário não seria eliminada, mas aperfeiçoada (SHIGUNOV NETO, 2015).

Não obstante, ao referir-se somente ao ensino secundário, reafirmou-se que a frequência fora obrigatória para esse nível de ensino por meio do artigo 168a, do Decreto 11.530/1915, sendo que era reprovado o estudante que faltasse a 40 aulas de qualquer curso.

A preocupação com a quantidade dos tempos escolares salta à vista pela leitura do artigo 73, no qual se lê que "o anno escolar começará a 1 de abril e terminará a 15 de novembro, comprehendendo cada curso 80 lições". Por outro lado, no Decreto analisado não foi mencionado quais seriam os dias úteis em que haveria aula, por isso recorremos ao Regulamento do Liceu Cuiabano, equiparado ao Colégio Pedro II, por meio do Decreto 417/1916. O artigo 96 do documento estabelece que seriam feriados no Liceu Cuiabano: "a) Os domingos e dias feriados pela União e pelo Estado".

Levando-se em consideração o Decreto 11.530/1915 e o Decreto 417/1916, o período letivo compreenderia ao total de 228 dias subdivididos em 32 semanas, ao que restariam 5 dias. Como no documento não é mencionado o período de férias gerais, podemos calcular que o ano letivo seria distribuído em aproximadamente 190 dias, subtraídos os domingos e dias de festa nacional apontados no Decreto 155-B/1890.

Além disso, de acordo com Faria Filho e Vidal (2000), nesse contexto o dia letivo levava por volta de quatro horas diárias, o que sintetizamos no quadro 05.

Quadro 05: organização de ano letivo do acordo com o Decreto 11.530/1915.

Segmento de ensino	Ensino Secundário
Duração mínima em anos	5
Dias letivos por ano	190 dias letivos
Dias letivos por semestre	Não é especificado no documento
Carga horária anual	760

Fonte: organização própria

Na reforma regulamentada pelo Decreto nº 16.782-A, no ano de 1925, no que diz respeito ao ingresso dos estudantes no ensino primário, de acordo com o expresso no artigo 26, reconhece-se como criança os sujeitos de 8 a 11 anos de idade, ao mesmo tempo em que se prevê o ingresso no ensino secundário a partir dos 10 anos de idade, conforme se vê registrado no artigo 55 do mesmo Decreto. Isso demonstra que a seriação dos anos de estudo não estava relacionada à idade dos estudantes, mas ao seu ajustamento às exigências dos programas de estudos das escolas, de forma que o avanço nas séries e mesmo o acesso ao ensino universitário estava condicionado ao aproveitamento dos estudantes nos exames.

De acordo com Shigunov Neto (2015), por meio do Decreto nº 16.782-A tentou-se promover a integração dos três níveis de ensino, embora seja mais perceptível maior acuidade no tratamento dos níveis secundário e superior. Especificamente quanto ao ensino secundário, de frequência obrigatória nos regimes de internato e externato, conforme o artigo 204, ele passou a ser dividido em seis anos, de acordo com o artigo 47 do documento.

Ora, dada a possibilidade de influência das predisposições dirigidas às unidades atendidas pela federação, cabe destacar a estrutura organizativa do calendário básico anual expressa no Decreto nº 16.782-A/1925. Nesse dispositivo legal, encontramos o seguinte:

> Art. 202. O anno escolar será dividido em dois periodos: o primeiro, de 1 de abril a 15 de julho; o segundo, de 1 de agosto a 15 de novembro; § 1º A data fixada para a abertura dos cursos não pode ser transferida senão em caso de calamidade publica, por acto do Ministro da Justiça e Negocios Interiores e proposta da Congregação.§ 2º Os periodos de 15 a 31 de julho e de 1 de janeiro a 15 de março serão considerados de férias escolares. (BRASIL, 1925).

Pela leitura do artigo não é possível perceber quais os dias da semana em que havia aulas, por isso recorremos a Doria (1997), de forma que entendemos que os sábados eram considerados dias letivos. Com isso, o primeiro semestre abrangeria a 105 dias, separado em 15 semanas, de forma que, descontados os 15 domingos, seriam 90 dias letivos, enquanto o segundo semestre teria 1 dia a mais do total, com um subtotal de 91 dias.

De tal feita, teríamos um total aproximado de 180 dias anuais, sendo as aulas estabelecidas para durarem 50 minutos cada, levando em consideração os feriados estabelecidos pelo Decreto 155-B/1890.

Sintetizamos essas informações no Quadro 06, a seguir:

Quadro 06: organização do ano letivo de acordo com o Decreto 16.782-A/1925.

Segmento de ensino	Ensino Secundário	
Duração mínima em anos	6	
Dias letivos por ano	180 dias letivos	
Dias letivos por semestre	90	90
Carga horária anual	Não é possível definir pela leitura do documento.	

Fonte: organização própria.

Romanelli (1986) destaca que as tentativas de se promover uma reforma da educação por meio de legislação, com vistas a organizar um sistema de ensino, surtiu poucos efeitos na Primeira República. Em tal medida, a autora considera que o Decreto 3.890/1901, que desoficializou o ensino, o Decreto 11.530/1915, que o tornou oficial novamente, o Decreto 16.782-A/1925, que promoveu o pacto entre União e estados, procurando dar fim aos exames preparatórios e parcelados, poucos efeitos práticos tiveram em organizar o sistema de ensino. Ao que concorda Ribeiro (1986), destacando que grande parte das propostas resultou da tentativa de incorporação de teorias estrangeiras à realidade brasileira, sendo que: "a série de reformas pelas quais passa a organização escolar revela uma oscilação entre a influência humanista clássica e a realista ou científica" (p. 73).

Assim, encerramos esse capítulo considerando que as tentativas de organização da educação nacional a partir de diferentes concepções e princípios educativos não foram capazes de consolidar a relação entre os tempos e espaços escolares. Mais que isso, por não haver um vínculo espaço-temporal direto, não houve a estabilização da estrutura temporal do Período Colonial até a Primeira República, prevalecendo os tempos escolares, em especial os tempos da escola, como uma condicionante direta para a qualidade da educação disponível à época. Nesse contexto, os tempos de escolarização foram um privilégio acessível a uma pequena parcela da população, o que se alterou a partir da Era Vargas, assunto do próximo capítulo.

Capítulo III

Tempo escolar na legislação da educação brasileira: da Era Vargas até o ano de 2017

Tal como procedemos no capítulo anterior, neste buscamos analisar as três categorias de tempos escolares propostas por Parente (2010; 2006), ou seja, tempos de escola, tempos de escolarização e tempos na escola, a partir das quais avançamos para o reconhecimento dos tempos da escola. Diferente do que se observou anteriormente na história da educação aqui delineada, neste capítulo percebemos a consolidação dos tempos escolares como uma realidade que vincula o espaço e o tempo como uma necessidade determinada pela legislação. Quer dizer, se até o final da Primeira República não havia vinculação direta dos tempos escolares com a legislação, a Era Vargas já começa a mudar essa situação.

Isso se dá em um contexto que o desenvolvimento das relações de trabalho da sociedade brasileira intensifica o processo de industrialização e demanda a necessidade de mão de obra qualificada para ocupar os novos postos de trabalho no meio urbano. Com isso, percebemos que aqueles tempos escolares que foram vistos como um privilégio para uma minoria social, em que os tempos da escola eram uma condicionante direta da qualidade da educação oferecida, passam a ser substituídos pela obrigatoriedade de frequência do espaço escolar para toda a população.

Isso não acontece sem desafios, pois, a partir da Era Vargas, o acesso ao espaço escolar cresce, e novas formas de organizar o tempo são objetivadas na legislação, conforme temos neste capítulo. Não podemos desprezar o papel das teorias educacionais, em especial a Escola Nova, que vieram ganhando corpo desde o final do Segundo Reinado na configuração dos tempos escolares, sobretudo pelo reconhecimento da necessidade de tempos de descanso entre as atividades escolares, discutidas mais adiante.

Outrossim, no início deste capítulo se evidenciou a tentativa de negação dos tempos da escola como um fator contraproducente para o que se pretendia desenvolver na Nação. Porém, à medida que as tecnologias foram incorporadas aos processos sociais, com forte incidência sobre a educação na Ditadura Militar, os tempos da escola ressurgem como uma necessidade para o atendimento da maior parcela possível da sociedade.

Esse processo se intensificou ainda mais com a Reabertura Democrática, quando ainda não foi atingido o ideal de universalização do acesso à educação pública, mas o avanço da tecnologia passou a configurar ambientes virtuais de aprendizagem com as TDIC.

Feita essa primeira aproximação, estruturamos este capítulo em quatro seções correspondentes aos períodos analisados, a citar: Era Vargas, República Liberal, Ditadura Militar e Reabertura Democrática. Por meio desse panorama histórico, procuraremos entender como, sob a busca da melhoria da qualidade da educação, reconheceu-se a necessidade de tratamento dos tempos da escola como uma demanda contemporânea, sem a qual a educação estaria desvinculada dos anseios sociais.

A obrigatoriedade de cumprimento do tempo escolar na Era Vargas

De acordo com Romanelli (1986), o que se convencionou chamar de Revolução de 30 representou a maior expressão de uma série de revoluções que se estenderam de 1930 até 1964, cujo propósito era o rompimento com o regime oligárquico e as regalias para as elites sociais. A autora pontua que as transições políticas e sociais que podem ser observadas durante o período correspondente à Era Vargas representaram um processo de transição da sociedade, a qual passava por um processo de intensificação da implantação do sistema capitalista.

Para Romanelli (1986), o capitalismo industrial, com as suas próprias determinantes, exigiu que se oferecesse "conhecimentos a camadas cada vez mais numerosas, seja pelas exigências da própria produção, seja pelas necessidades do consumo que essa produção acarreta" (p. 59). Nesse sentido, a Era Vargas representou um período no qual a educação foi considerada como um fator em favor das intenções econômicas, sendo organizada de maneira centralizada, dado que, em relação ao ensino secundário, no Decreto 19.890/1931 fica estabelecido que o Colégio Pedro II teria instituições equiparadas a ele somente, sob o regime de inspeção.

Para Romanelli (1986), após a Revolução de 30, despontaram várias facções políticas no Brasil com interesses bastante variados, as quais se agrupavam em duas vertentes: uma ligada às oligarquias que procurava reivindicar a volta dos privilégios da Primeira República, e outra mais revolucionária que exigia uma nova constituição nacional. De acordo com a autora:

> [..] foi da instabilidade gerada pelo conflito de interesse das várias facções revolucionárias que caracterizou os primeiros anos do governo de Getúlio Vargas. Este permaneceu no poder de 30 a 45. Foram 15 anos marcados por um período mais instável (30 a 37) e uma ditadura (de 37 a 45). (ROMANELLI, 1986, p. 50).

No campo educacional, predominou o embate de ideias entre os pensadores da Escola Nova e os representantes de educadores católicos. O primeiro grupo propunha uma orientação centralizada das normas e regulamentos para todas as escolas do país, de acordo com os princípios da "laicidade, a coeducação, a gratuidade, a responsabilidade pública em educação" (RIBEIRO, 1992, 99); enquanto o segundo procurava manter a autonomia dada as escolas particulares, seguindo os princípios seguintes:

> ação em separado e; portanto, diferenciada para os sexos masculino e feminino, o ensino particular, a responsabilidade da família quanto à educação. Ambos os grupos concordavam em combater o monopólio da educação pelo Estado. (RIBEIRO, 1992, 99).

Trata-se de um período em que a população urbana e a indústria cresceram de forma significativa, o que deixou ainda mais evidente a necessidade de que se tratasse com maior afinco a educação pública do País. Diante disso, no ano seguinte à tomada de poder por Getúlio Vargas, houve a criação do Ministério da Educação e Saúde, mas isso não pôs fim às inquietações principalmente daqueles que se dedicavam exclusivamente aos assuntos educacionais à época.

Ora, essa nova classe de pensadores da educação nacional (representados especialmente pelos que foram nomeados como escolanovistas) ansiava por mudanças consistentes com a nova realidade social da época. Nesse contexto, foi publicado o Decreto 19.890/1931, o qual fazia referência principalmente ao ensino secundário, e que tinha como objetivo fundamental a proposta de "transformá-lo em um curso eminentemente educativo" (RIBEIRO, 1992, p. 96). Por outro lado, mais uma vez, o ensino primário não recebeu papel de destaque no Decreto 19.890/1931, e suas disposições se direcionavam ao Colégio Pedro II, sendo aplicado sob regime de inspeção em outros sistemas de ensino.

De acordo com os artigos 2, 3, 4 e 5 do Decreto 19.890/1931, o ensino secundário seria desenvolvido em dois cursos seriados, sendo o fundamental de cinco anos (tendo como objetivo a formação do "homem" integral) e o complementar de dois (para adaptar o estudante ao mundo profissional) (RIBEIRO, 1992), sendo aceitos estudantes a partir dos 11 anos de idade, conforme o artigo 19. Isso demonstra preocupação com a questão temporal, a qual fica mais evidente ao se ler os artigos de 29 a 32 do documento, tal como podemos verificar a seguir:

> Art. 29. o anno lectivo começará em 15 de março e terminará em 30 de novembro, não podendo haver modificação dessas datas senão por motivo de força maior, mediante autorização do ministro da Educação e Saude Publica. Art. 30. Além dos mezes de janeiro e fevereiro sera considerada de ferias escolares a segunda quinzena do mez de junho. Art. 32. Cada turma não terá menos de 20 nem mais de 28 horas de aula por semana, excluidos desse tempo os exercicios de educação physica e as aulas de musica. (BRASIL, 1931).

Levando-se em consideração as informações, do início do ano letivo ao fim teríamos um total de 260 dias, separados em dois semestres por um período de férias de 15 dias. Tendo-se em conta a existência de aulas aos sábados no ano de 1929, conforme Dória (1997), e excetuando os 2 domingos do período de férias, seriam 35 domingos no ano escolar, o que gera uma quantidade de 50 dias não letivos. Desse montante subtraem-se os dias de festa estabelecidos pelo primeiro artigo do Decreto 19.488/1931, conforme segue:

> Art. 1º São considerados feriados nacionais os seguintes dias: 1º de janeiro, consagrado à comemoração da fraternidade universal; 1º de maio, consagrado à confraternidade universal das classes operárias; 7º de setembro, consagrado à comemoração da Independência do Brasil; 2 de novembro, consagrado à comemoração dos mortos; 15 de novembro, consagrado à

> comemoração do advento da República; 25 de dezembro, consagrado à comemoração da unidade espiritual dos povos christãos. (BRASIL, 1931).

Dessa forma, o calendário anual exigiria aproximadamente 210 dias de estudos durante o ano para o curso secundário, que se estenderia ao longo de cinco anos, conforme artigo 19. Em relação às horas de estudos anuais, o artigo 32 do documento em análise, diz o seguinte: "Cada turma não terá menos de 20 nem mais de 28 horas de aula por semana [..]". De tal forma, levando-se em consideração a carga horária semanal mínima de 20 horas, multiplicadas pelas 35 semanas letivas, seria obtido o resultado de 700 horas anuais, não podendo o estudante se ausentar de ¼ das aulas dadas, de acordo com o artigo 33. Com isso, teríamos a seguinte configuração temporal exposta no Quadro 07.

Quadro 07: organização do ano letivo de acordo com o Decreto nº 19.890/1931.

Segmento de ensino	Ensino Secundário	
Duração mínima em anos	Fundamental	Complementar
	5	2
Dias letivos por ano	210 dias letivos	
Dias letivos por semestre	80	130
Carga horária anual	700	

Fonte: organização própria

No ano de 1932 deu-se continuidade à reforma iniciada no ano anterior, tornando cada vez mais o regime pedagógico do Colégio Pedro II o modelo a ser seguido pelos outros sistemas de ensino, equiparáveis sob regime de inspeção (RIBEIRO, 1992; SHIGUNOV NETO, 2015).

A partir da publicação do Decreto 21.241/1932, consolida-se o regime seriado de progressão nos estudos, sendo os cinco primeiros anos do ensino secundário de caráter básico para a população e os dois últimos anos desse nível de ensino dedicados a alguma das três opções: (a) jurídica; (b) médica, odontológica, farmacêutica; (c) engenharia, arquitetura. O regime pedagógico disposto no

Decreto 21.241/1932, no que se refere à organização temporal, em nada difere do Decreto 19.890/1931, de forma que o Quadro 07 expressa também sua organização.

Nesse mesmo ano de 1932, foi publicado o Manifesto dos Pioneiros da Educação Nova, no qual a centralidade do processo educativo volta-se para os estudantes e seus interesses e a organização temporal se daria por meio de sua relação com os projetos didáticos, não da forma seriada que verificamos atualmente, em 2020. As discussões em torno da educação tiveram paralelo nas arenas políticas e foram sintetizadas na publicação da Constituição de 1934, no artigo 5, a competência da União em: "XIV, traçar as directrizes da educação nacional". Tal como no Capítulo II do Título V - Da Família, da Educação e da Cultura – em sua completude.

De acordo com Shigunov Neto (2015), a constituição de 1934 teve uma vigência muito breve, sendo encurtada pelo Estado de Sítio, que representou a derrubada da Escola Nova no ano de 1935 (Decreto nº 457), e posteriormente substituída pela Constituição de 1937. Para ao autor, a Constituição de 1937 apresentava forte alinhamento com algumas ideologias fascistas, embora no que se refira à educação, manteve-se o capítulo referente à família, a educação e à cultura.

De toda forma, onze anos depois, ainda na Era Vargas, no ano de 1942 aconteceu uma série de reformas educacionais, entre elas a do ensino secundário (Decreto-lei 4.244/1942), que passou a ser organizado em dois ciclos, um com quatro anos (ginasial) e outro com três (colegial), de acordo com os artigos 2 e 3, permanecendo a idade mínima de ingresso de 11 anos de idade.

No Decreto foram dadas novas finalidades para a educação, sendo elas centradas em:

> 1. Formar, em prosseguimento da obra educativa do ensino primário, a personalidade integral dos adolescentes. 2. Acentuar a elevar, na formação espiritual dos adolecentes, a conciência patriótica e a conciência humanística. 3. Dar preparação intelectual geral que possa servir de base a estudos mais elevados de formação especial (artigo 1). (BRASIL, 1942).

De acordo com nossa interpretação, seriam contemplados no documento os seguintes princípios: a liberdade de ensino sob supervisão do Estado, o fim da laicidade (artigo 21) que predominou durante a Primeira República, com vistas a formação integral do estudante, seja religiosa, moral e/ou fisicamente (artigos 23 e 24); vinculação da educação escolar com as práticas profissionais; gratuidade do ensino público em estabelecimentos oficiais.

Quanto ao ano escolar, o artigo 28 traz o seguinte:

> O ano escolar, no ensino secundário, dividir-se-á em dois períodos: a) período letivo, de nove meses; b) período de férias, de três meses. § 1º O período letivo terá início a 15 de março e o período de férias a 15 de dezembro. § 2º Haverá trabalhos escolares diariamente. Excetuam-se os dias festivos. Serão de descanso os sete últimos dias de junho [..]. (BRASIL, 1942).

Para reformular alguns artigos dessa normativa, no ano de 1945 foi publicado o Decreto-lei 8.347/1945, no qual são estabelecidas normas específicas para a educação. Nos artigos 19, 20 e 24, delineia-se uma nova interpretação quanto à finalidade dos estabelecimentos de ensino que ofereciam o secundário, estando esta a favor do projeto "nacionalista", o que se destaca pela intenção de formar a consciência patriótica com base nos estudos da história do Brasil e educação moral e cívica e na preparação de pessoas para o serviço militar por meio das intensivas aulas de educação física e educação militar.

Em relação aos tempos escolares, no artigo 5 do Decreto-lei 8.347/1945 ficaram estabelecidos ao ginásio o ensino de primeiro ciclo e ao colégio um ou dois cursos de segundo ciclo. Não obstante, reconfigura-se a indicação de como deveriam ser organizados os calendários anuais das escolas, sendo o artigo 28 assim reformulado:

> O ano escolar, no ensino secundário, dividir-se-á, em dois períodos letivos e em dois períodos de férias, a saber: a) períodos letivos, de 15 de março a 15 de junho, e de 1 de julho a 15 de dezembro; b) períodos de férias, de 15 de dezembro a 14 de março e de 16 a 30 de junho. § 1º Haverá trabalhos escolares diariamente, excetuados os dias festivos. § 2º Poderão realizar-se exames no decurso das férias. (BRASIL, 1945).

Quanto à intepretação desses artigos do Decreto-lei 8.347/1945, devemos observar que pode ser evidenciada certa inconsistência no estabelecimento dos dias letivos, sendo que o ano escolar terminaria no mesmo dia 15 de dezembro em que seriam iniciadas as férias escolares, as quais deveriam ser iniciadas no dia 16 do mesmo mês, ou o ano escolar findado em 14 do último mês do ano. Salvo essa inconsistência verificada, o primeiro semestre letivo seria desenvolvido em 79 dias.

Compreendido todo o período apontado no Decreto 8.347/1945, o segundo semestre, por sua vez, teria um total de 167 dias, dos quais, subtraídos 24 domingos, resultaria em 143 dias. Desse montante devem ser subtraídos os dias de feriado estabelecidos pelo Decreto 19.488/1930 e mais um feriado de primeiro de abril restabelecido pelo Decreto 22.647/1933, ou seja, cinco dias. Assim, o subtotal seria de aproximados 220 dias letivos.

Mantendo-se a estrutura de ginásio e colégio, o Decreto-lei 8.347/1945 explicita, em seu artigo 39, que os trabalhos escolares não poderiam exceder 28 horas semanais nos cursos clássicos ou científicos, nem 24 horas no curso ginasial, distribuídas em aulas de 50 minutos (artigo 203), além disso, o estudante não poderia contabilizar 25% de faltas do total de aulas. Conforme a seguinte organização, expressa no Quadro 08:

Quadro 08: organização do ano letivo de acordo com o Decreto-lei 8.347/1945.

Segmento de ensino	Ensino Secundário	
Duração mínima em anos	Ginásio	Colégio
	4	3
Dias letivos por ano	220	
Dias letivos por semestre	80	140
Carga horária anual	880	1035

Fonte: organização própria.

Como expresso nos documentos analisados, a Era Vargas representou um período de mudanças nas terminologias atribuídas ao ensino secundário, assim como houve relativa alteração dos tempos escolares e o tempo de escolarização foi estendido até os 17 anos de idade, podendo se estender em casos não contemplados no documento. Em primeiro lugar, observam-se mudanças no que se refere aos anos de estudos, dado que o fundamental, quando passou a ser denominado Ginásio, perdeu 1 ano, ao passo que o complementar, quando passou a ser intitulado Colegial, foi acrescido de 1 ano. Em segundo lugar, houve um acréscimo de 10 dias letivos, incidindo sobre o segundo semestre anual.

Outro ponto a ser considerado na configuração dos tempos escolares está relacionado à publicação da Constituição das Leis do Trabalho (CLT), via Decreto-lei 5.452/1943, a qual deixa indícios do funcionamento dos estabelecimentos de ensino, em especial no que se refere ao descanso semanal dos funcionários. No documento fica estipulada a exigência de um dia de descanso semanal, sendo ele preferencialmente o domingo, conforme segue o artigo 67: "Será assegurado a todo empregado um descanso semanal de 24 (vinte e quatro) horas consecutivas, o qual, salvo motivo de conveniência pública ou necessidade imperiosa do serviço, deverá coincidir com o domingo, no todo ou em parte". Assim, daqui em diante neste capítulo, o domingo passa a ser considerado dia de descanso semanal.

A (re)organização dos tempos escolares na República Liberal

É consenso entre estudiosos da historiografia da educação que o período correspondente ao que convencionamos chamar de República Liberal representou o aprofundamento com as preocupações em torno da importância da educação (RIBEIRO, 1992; ROMANELLI, 1986; SHIGUNOV NETO, 2015).

Já no ano de 1946, inspirado nos ideais liberais, foi publicado o Decreto 8.529/1946 (Lei Orgânica do Ensino Primário), no qual foram declaradas objetivamente as finalidades da educação que se pretendia organizar, as quais, conforme o artigo 1, se desdobram nos seguintes enunciados:

> a) proporcionar a iniciação cultural que a todos conduza ao conhecimento da vida nacional, e ao exercício das virtudes morais e cívicas que a mantenham e a engrandeçam, dentro de elevado espírito de Naturalidade humana; b) oferecer de modo especial, às crianças de sete a doze anos, as condições de equilibrada formação e desenvolvimento da personalidade; c) elevar o nível dos conhecimentos úteis à vida na família, à defesa da saúde e à iniciação no trabalho. (BRASIL, 1946).

O Decreto oficializa o ensino supletivo para jovens e adultos para o nível primário, além de tornar o nível de ensino gratuito, sendo obrigatória a matrícula e permanência para as crianças de sete a doze anos. Com a publicação do Decreto-lei 8.529/1946, dispunha-se que a educação formal passaria a ser oferecida em duas modalidades: uma regular para estudantes de até doze anos de idade, e outra de primário supletivo, destinada a adolescentes e jovens.

O ensino primário, nesse contexto, se estruturaria em dois ciclos, sendo o elementar de três anos e o complementar de um ano, além disso, previu-se sua relação com o jardim de infância, mas sem especificidades.

Isso se justifica, em parte, devido ao fato de que dos 3.238.940 estudantes matriculados em 1946, somente 287.852 o concluíram integralmente (RIBEIRO, 1992). Não obstante, no Decreto-lei 8.529/1946 podemos perceber que é dada atenção para alguns fatores não mencionados na legislação dos períodos anteriores, tal como os princípios da educação que se pretendia oferecer, consonantes com a nova Constituição[1], sendo eles expressos no artigo 10, conforme segue:

> a) Desenvolver-se de modo sistemático e graduado, segundo, os interesses naturais da infância; b) ter como fundamento didático as atividades dos próprios discípulos; c) apoiar-se nas realidades do ambiente em que se exerça, para que sirva à sua melhor compreensão e mais proveitosa utilização; d) desenvolver o espírito de cooperação e o sentimento de solidariedade social; e) revelar as tendências e aptidões dos alunos, cooperando para o seu melhor aproveitamento no sentido do bem estar individual e coletivo; f) inspirar-se, em todos os momentos, no sentimento da unidade nacional e da fraternidade humana. (BRASIL, 1946).

1 Cabe ressaltar que em 18 de setembro de 1946 foi promulgada uma nova Constituição, no início da República Liberal, a qual, de acordo com Ribeiro (1992), não diferia muito da de 1934 no que se refere à educação. Quanto a isso, reafirma-se o papel do governo central em se estabelecer as diretrizes e bases da educação nacional, como na Constituição anterior.

Pelo que percebemos da leitura do artigo 10, essa forma de educação centrada nas tendências e aptidões prescindiria de uma organização estática dos tempos escolares. Isso acontece na legislação em parte especificamente no que toca a organização dos dias letivos anuais, pois embora o artigo 14 do referido Decreto-lei estabeleceu o seguinte: "O ano escolar será de dez meses, dividido em dois períodos letivos, entre os quais se intercalarão vinte dias de férias. De um para outro ano escolar haverá, dois meses de férias".

O artigo 15 estabeleceu isto: "A duração dos períodos letivos e dos de férias, será, fixado segundo as conveniências regionais, indicadas pelo clima, e, zonas rurais, atendidos, quanto possível, os períodos de fainas agrícolas". De toda forma, subtraindo-se os vinte dias de férias, assim como os sábados, e conforme prerrogativa da CLT/1943, os domingos e feriados estabelecidos pelo Decreto 19.488/1930 e Decreto 22.647/1933, dos aproximados 280 dias (10 meses) teríamos algo em torno de 240 dias letivos.

Assim, teríamos a seguinte organização dos tempos escolares no início da República Liberal, conforme Quadro 09 a seguir:

Quadro 09: organização do ano letivo de acordo com o Decreto-lei 8.529/1946.

Segmento de ensino	Ensino Primário	
Duração mínima em anos	elementar	complementar
	3	1
Dias letivos por ano	240	
Dias letivos por semestre	Art. 15. (BRASIL, 1946)	
Carga horária anual	Art. 26. O sistema de ensino primário, em cada Estado e no Distrito Federal, terá legislação própria, em que se atendam aos princípios do presente decreto-lei. (BRASIL, 1946)	

Fonte: organização própria.

O período inicial da década de 1960 foi marcado por um novo entusiasmo pela educação representado pela União Nacional dos Estudantes e iniciativas educativas que visavam à eliminação do analfabetismo entre outras pautas reivindicatórias. Emergiu, nesse contexto, uma luta em favor de uma educação mais relacionada aos dilemas enfrentados pela população em suas práticas sociais as mais cotidianas (RIBEIRO, 1992).

Quando se deu a aprovação da Lei 4.024/1961, ficaram estabelecidas as orientações básicas sobre a organização educacional, sendo declarados no artigo 1 os princípios de liberdade, e no artigo 2 passa a ser considerada um direito de todos e obrigação do estado. Baseada nos ideais de solidariedade humana, objetivava-se atingir as seguintes finalidades:

> a) a compreensão dos direitos e deveres da pessoa humana, do cidadão, do Estado, da família e dos demais grupos que compõem a comunidade; b) o respeito à dignidade e às liberdades fundamentais do homem; c) o fortalecimento da unidade nacional e da solidariedade internacional; d) o desenvolvimento integral da personalidade humana e a sua participação na obra do bem comum; e) o preparo do indivíduo e da sociedade para o domínio dos recursos científicos e tecnológicos que lhes permitam utilizar as possibilidades e vencer as dificuldades do meio; f) a preservação e expansão do patrimônio cultural; g) a condenação a qualquer tratamento desigual por motivo de convicção filosófica, política ou religiosa, bem como a quaisquer preconceitos de classe ou de raça. (BRASIL, 1961).

A partir da Lei 4.024/1961, os sistemas de ensino da educação básica passaram a ser objetivamente organizados em três níveis, conforme a artigo 26, sendo eles a educação pré-primária, o ensino primário e o secundário/médio. Em contrapartida, o documento também não abordou de forma objetiva o ensino pré-primário, mas anunciou que a oferta do primário deveria ser organizada em no mínimo quatro séries anuais, sendo obrigatório e gratuito a partir dos sete anos de idade, conforme artigo 27. Segundo o texto da Lei, em seu artigo 34, temos, ainda, que: "O ensino médio será ministrado em dois ciclos, o ginasial e o colegial, e abrangerá, entre outros, os cursos secundários, técnicos e de formação de professores para o ensino primário e pré-primário".

Em relação à organização temporal do ensino médio, o artigo 38, expressa o seguinte:

> Na organização do ensino de grau médio serão observadas as seguintes normas: I - Duração mínima do período escolar: a) cento e oitenta dias de trabalho escolar efetivo, não incluído o tempo reservado a provas e exames; b) vinte e quatro horas semanais de aulas para o ensino de disciplinas e práticas educativas. [..] VI - freqüência obrigatória, só podendo prestar exame final, em primeira época, o aluno que houver comparecido, no mínimo, a 75% das aulas dadas. (BRASIL, 1961).

Como pode ser percebido, na primeira LDB, Lei 4.024/1961, é estabelecido objetivamente o quantitativo de dias anuais para o ensino médio, o qual corresponde ao ensino secundário do Decreto-lei 8.528. É estabelecida, também, a frequência mínima de 75% a ser observada pelos sistemas de ensino. No entanto, essas disposições se aplicam somente ao ensino médio, sendo inobservadas, na leitura do documento, essa mesma preocupação com a educação pré-primária e o ensino primário. Além disso, mesmo para o ensino médio não são estabelecidos os períodos letivos do primeiro e segundo semestres.

Apesar disso tudo, pela leitura do dispositivo legal, podemos inferir que os 180 dias letivos anuais, se descontados os sábados e domingos, resultariam em algo próximo a 36 semanas. Multiplicando esse valor com a média de 24 horas semanais teríamos uma média de 860 horas de estudos anuais para o ensino médio, conforme panorama exposto no Quadro 10 a seguir:

Quadro 10: síntese da organização estipulada pela LDB 4.024/1961.

Segmento de ensino	Ensino Primário	Ensino Médio/secundário	
Duração mínima em anos	4	Ginasial	Colegial
		4	3
Dias letivos por ano	180 dias letivos		
Dias letivos por semestre	Art. 20. Na organização do ensino primário e médio, a lei federal ou estadual atenderá: a) à variedade de métodos de ensino e formas de atividade escolar, tendo-se em vista as peculiaridades da região e de grupos sociais.		
Carga horária anual	860		

Fonte: organização própria.

Pelo que percebemos pela leitura da Lei 4.024/1961, no que se refere à questão temporal, houve uma brusca diminuição dos dias letivos em relação ao que se verificou na Era Vargas. Outrossim, de acordo com Shigunov Neto (2015), o advento da Lei 4.024/1961 marcou o surgimento, "[..] ainda que incipiente, das futuras propostas educacionais neoliberais, marcadas principalmente pela preocupação da melhoria da qualidade e dos índices de produtividade do ensino em relação aos custos" (p. 184).

Entendemos que em termos de qualidade da educação, a Lei 4.024/1961 pode ser entendida como um avanço por integrar diversos fatores considerados separadamente nas legislações anteriores, mas, sobretudo, por integrar os três níveis de ensino (primário, médio e superior) em um só documento e prever o ensino infantil. Apesar disso, Boynard, Garcia e Robert (1972) advertiram que a Lei 4.024/1961 apresentava defeitos de técnica, algumas omissões e algumas formulações obsoletas, pois o longo processo de 13 anos de tramitação até a publicação do documento fez com que alguns dos pontos tratados não atendessem a contento as demandas do País.

Embora declare a gratuidade da educação e, até mesmo, condicione o acesso ao emprego dos pais (artigo 30) como forma de garantir a obrigatoriedade, o documento estabelece no artigo 18, que os estabelecimentos oficiais de ensino médio poderiam recusar a matrícula de estudantes reprovados mais de uma vez em qualquer série ou conjunto de disciplinas. No que se refere à administração escolar, o Conselho Nacional de Educação (CNE) assume um papel primordial no direcionamento da interpretação da LDB como órgão deliberativo máximo. No entanto, Boynard, Garcia e Robert (1972) advertiram que as decisões do CNE muitas vezes fugiam ao próprio texto do documento.

Um ponto que pode ser considerado um legado das discussões iniciadas com a Educação Nova é a inclusão da educação dos "excepcionais", os quais deveriam, de acordo com a Lei 4.024/1961, integrar o sistema geral de educação. Outro ponto que surgiu como uma medida compensatória de políticas sociais fracassada foi a assistência social, conforme podemos ver no artigo 90 da Lei 4.024/1961: "em cooperação com outros órgãos ou não, incumbe aos sistemas de ensino, técnica e administrativamente, prover, bem como orientar, fiscalizar e estimular os serviços de assistência social, médico- odontológico e de enfermagem aos alunos".

Isso fora estudado mais tarde por Libâneo (2012) ao analisar a dualidade da escola pública, sendo que o autor identificou uma escola de acolhimento social para os pobres e outra do conhecimento para os ricos, ou seja, se for entendido como um fator que contribui para a qualidade social, conforme conceituado no capítulo 1, o assistencialismo passou a ser uma preocupação objetivada desde a Lei 4.024/1961, mas que já encontrava paralelos desde a Primeira República. Além desses fatores levantados, merece destaque a objetivação do financiamento da educação, sendo estabelecidos os percentuais do orçamento que deveriam ser direcionados à educação pela união (12%), estados, Distrito Federal e municípios (20%).

Durante a República Liberal, a quantidade de matrículas no ensino primário mais que dobrou, passando de 2.424.690 em 1955 para 4.949.815 em 1965, todavia o problema da permanência ou continuidade no processo de escolarização ainda persistia, sendo que em 1955 somente 505.864 concluíram, enquanto em 1965 foram poucos 1.063.804 (RIBEIRO, 1992). No que se refere ao ensino secundário, no ciclo colegial em 1965 foram efetivas 1.550.134 matrículas, algo muito maior que os 107.649 que iniciaram os estudos em 1936. Apesar dos esforços em ampliar o acesso à educação, até mesmo com práticas assistencialistas, as próprias orientações legais facilitaram o processo de exclusão escolar, como vimos anteriormente no estudo da Lei 4.024/1961 (RIBEIRO, 1992).

A otimização do tempo durante a Ditadura Militar

No ano seguinte à tomada de poder (1964), o governo militar estreitou relações colaborativas com os Estados Unidos da América, ao que ficou conhecido como parceira MEC-USAID, e reformulou a organização educacional (SHIGUNOV NETO, 2015). Mais adiante, no ano de 1971, foi publicada uma nova LDB, a Lei 5.692/1971, que reformulava sua predecessora.

No documento está expresso o seguinte: "entende-se por ensino primário a educação correspondente ao ensino de primeiro grau e por ensino médio, o de segundo grau" (Art. 1; § 1º). Ou seja, manteve-se a terminologia da LDB 4.024/1961. Ademais, a segunda LDB promoveu uma reorganização quanto aos ciclos que abrangiam o ginásio e o colégio, sendo que o primeiro passou a estar contido no que é classificado como ensino fundamental anos finais na LDB 9.394/1996, e o colégio referindo-se ao ensino médio.

Com essa mudança, o que era o ginásio na LDB de 4.024/1961, passou a integrar o segundo ciclo do ensino primário na LDB 5.692/1971. A redação da Lei destaca também em seu artigo 8 (parágrafo 1) que "Admitir-se-á a organização semestral no ensino de 1º e 2º graus e, no de 2º grau, a matrícula por disciplina sob condições que assegurem o relacionamento, a ordenação e a sequência dos estudos".

No Capítulo II da Lei é apresentada a redação específica para a organização do calendário anual do ensino de primeiro grau que, conforme artigo 18, passaria a ter a seguinte organização dos anos e horas de estudo: "O ensino de 1º grau terá a duração de oito anos letivos e compreenderá, anualmente, pelo menos 720 horas de atividades". Quanto ao ensino de segundo grau, o artigo 22 dispõe que ele "[..] terá três ou quatro séries anuais, conforme previsto para cada habilitação, compreendendo, pelo menos, 2.200 ou 2.900 horas de trabalho escolar efetivo, respectivamente".

No que se refere especificamente à quantificação dos dias letivos mínimos anuais, no artigo 11 do dispositivo legal extrai-se o seguinte: "O ano e o semestre letivos, independentemente do ano civil, terão, no mínimo, 180 e 90 dias de trabalho escolar efetivo, respectivamente, excluído o tempo reservado às provas finais, caso estas sejam adotadas". Desse total os estudantes deveriam frequentar no mínimo 75% das aulas, conforme artigo 38b-5.

Em síntese, levando em consideração teríamos a seguinte organização temporal do ensino, durante o Regime Militar, conforme o seguinte Quadro 11:

Quadro 11: síntese da organização estipulada pela LBD 5.692/1971.

Segmento de ensino	1º Grau	2º Grau	
Duração mínima em anos	8	3	4
Dias letivos por ano	180		
Dias letivos por semestre	90	90	
Carga horária mínima	720	730	

Fonte: organização própria.

Importa de se destacar desse período, é que houve um "aperfeiçoamento", o qual encaramos com olhar crítico, das questões administrativas da educação que incidiram sobre aspectos relacionados a maior eficiência nos processos e usos de recursos, estando ela voltada para a produtividade do ensino (RIBEIRO, 1992). Percebe-se, também, que no período da Ditadura Militar houve um notável crescimento nos investimentos em educação nos estados e municípios, atingindo, em 1970, o patamar de segunda maior receita nesses entes federativos, o que Ribeiro (1992) classifica como um incremento na tentativa de universalização do ensino.

No ano em questão se matricularam 5.790.816 estudantes no primeiro ano do ensino primário e outros 4.086.073 no ensino médio, esses últimos se compararmos aos 9.923.183 que iniciaram os estudos primários em 1965, perceberemos que, por proximidade, menos da metade dos estudantes chegavam a concluir o primeiro nível de estudos, ou não se interessavam em dar continuidade a sua formação. No ano de 1984, o ensino de primeiro grau (primário) ampliara para 24.825.432 o número de matrículas somente no início do ano, enquanto o ensino de segundo grau (secundário) tivera uma ampliação também substancial para 2.946.657 (RIBEIRO, 1992).

Se considerarmos que a qualidade da educação à época esteve estabelecida sob a base quantitativa, os resultados demonstram que muito se avançou, porém a disparidade entre aqueles que iniciaram os estudos e aqueles que acessaram ao 2º grau demonstra que ainda se mantiveram as características de uma escola excludente.

Ribeiro (1992) considera que a parceria estabelecida com o sistema de educação dos Estados Unidos caracterizou uma educação com viés tecnicista, que estaria embasada na teoria do capital humano, ou economicismo educativo, entendendo os investimentos na educação como uma estratégia de otimização dos resultados. Para a autora, a Lei 5.692/1971 seria a expressão dessa visão de educação.

No documento é possível perceber grande preocupação com aspectos ligados à reorganização administrativa do ensino, tendo em vista um melhor aproveitamento dos recursos (artigos 2 e 3). Essa estratégia incide também sobre o problema da continuidade dos estudos, mais especificamente sobre o problema das reprovas, de maneira que, no artigo 14, os critérios de progresso nos estudos adquiriram características que permitiam a progressão de estudantes com rendimento questionável.

Pelo que interpretamos do período em análise, do ponto de vista das autoridades educacionais da época, uma educação de qualidade seria aquela relacionada aos objetivos quantitativos e que fosse organizada de forma a garantir maior eficiência na utilização dos recursos, sejam materiais, sejam humanos, para obtenção dos propósitos, o que escapa completamente da educação de qualidade social[2]. Além disso, por meio da Lei 5.692/1971, podemos perceber que as finalidades objetivas da educação pública oferecida estavam vinculadas à empregabilidade (ao mundo do "trabalho") e formação para "cidadania", não sendo o foco a formação integral dos estudantes, diferentemente do que se anunciou como finalidade para o ensino secundário.

Em relação aos tempos escolares, a Lei 6.692/1971 explicita que o progresso dos estudantes passou a ser considerado desde a educação pré-primária delegada aos estados e municípios, com a educação primária, com início aos sete anos de idade, compondo a extensão do tempo mínimo obrigatório de estudos, que passou de quatro para oito anos. No entanto, Ribeiro (1992) sugere que essa extensão foi uma estratégia utilizada pelas autoridades do regime para tentar driblar o fracasso nos resultados da permanência dos estudantes. Em suma, o período da Ditadura Militar parece ter intensificado as discussões mais direcionadas à qualidade da educação em termos de resultados quantificáveis.

A ampliação dos tempos escolares na Reabertura Democrática

O final da década 1980 e início de 1990 representaram um período de transição política e social no Brasil, sendo que "o fim da Ditadura Militar (1964-1985) e a agitação política da sociedade civil, sindicatos e movimentos sociais foi

2 Conforme discutido no capítulo I deste livro.

intensa no esforço pela (re)democratização do país" (MARTINS, 2015, p. 23) e deram início a Reabertura Democrática. Nesse contexto de reivindicações, foi publicada a nova Constituição/1988, a qual, no artigo 205, declarou a educação como um direito de todos e dever do Estado e da família, com vistas ao desenvolvimento do cidadão e qualificação para o mundo do emprego. Além disso, no artigo seguinte foram definidos quais os princípios respaldavam esse entendimento e finalidade da educação, sendo eles os seguintes:

> I - igualdade de condições para o acesso e permanência na escola; II - liberdade de aprender, ensinar, pesquisar e divulgar o pensamento, a arte e o saber; III - pluralismo de idéias e de concepções pedagógicas, e coexistência de instituições públicas e privadas de ensino; IV - gratuidade do ensino público em estabelecimentos oficiais; V - valorização dos profissionais do ensino, garantido, na forma da lei, planos de carreira para o magistério público, com piso salarial profissional e ingresso exclusivamente por concurso público de provas e títulos, assegurado regime jurídico único para todas as instituições mantidas pela União; VI - gestão democrática do ensino público, na forma da lei; VII - garantia de padrão de qualidade. (BRASIL, 1988).

Mais adiante, no artigo 214 da Constituição/1988, previu-se ainda a criação de um plano plurianual de educação, que incidisse nos seguintes objetivos: I - erradicação do analfabetismo; II - universalização do atendimento escolar; III - melhoria da qualidade do ensino; IV - formação para o trabalho; V - promoção humanística, científica e tecnológica do País. Ou seja, percebemos que, entre outras coisas, a qualidade da educação tornou-se uma preocupação concreta, estando relacionada ao mundo do emprego.

Diante do processo de universalização que se iniciara declaradamente na Ditadura Militar, uma nova parcela da população que se avolumou a ocupar os bancos das escolas públicas. Isso fez com que aspectos não levados em consideração pelas autoridades educacionais, até meados da década de 1980, passassem a incorporar as políticas públicas de educação, entre elas a qualidade da educação, conforme percebemos pela leitura do artigo 214. Essa busca por um padrão de qualidade é declarada no contexto brasileiro em um período que o País tende para o alinhamento com a doutrina política neoliberal (MARTINS, 2015; BERGO, 2016; CARVALHO, 2018; SOUZA, 2019).

Bauer e Silva (2005) advertiram quanto aos perigos de se condicionar os resultados das políticas nacionais de educação somente às interferências das organizações internacionais. Todavia, reconhecemos que essas influências existiram e que tiveram impactos nos rumos da educação nacional. Remonta a esse período, por exemplo, o estabelecimento de uma agenda política globalista elaborada por instituições financeiras internacionais, tal como o FMI, a OCDE, o BIRD e o BID, o que difere das parcerias MEC-USAID destacadas anteriormente (MARTINS, 2015; BERGO, 2016; CARVALHO, 2018; SOUZA, 2019).

Conforme se depreende de Soares (2016), ao passo que essas instituições internacionais começaram a exercer papel de destaque no direcionamento das políticas latino-americanas em busca de novos mercados para a ampliação da doutrina neoliberal, observou-se também forte influência no campo educacional. Para Bergo (2016), "a educação é um instrumento político e ideológico que difunde e reflete os valores da sociedade neoliberal, que por sua vez busca satisfazer as necessidades do capital" (p. 39).

Sob a prerrogativa da melhoria da qualidade da educação, essas agências estabeleceram um projeto macro educacional o qual teve expressão no documento intitulado Declaração Mundial sobre a Educação para Todos, elaborado durante a Conferência de Jomtien, na Tailândia, em 1990 (BERGO, 2016). Nesse documento, são estabelecidos os princípios educativos discutidos na Conferência, entre os quais destacamos o seguinte:

> Entendendo que a educação pode contribuir para conquistar um mundo mais seguro, mais sadio, mais próspero e ambientalmente mais puro, e que, ao mesmo tempo, favoreça o progresso social, econômico e cultural, a tolerância e a cooperação internacional [..]. (UNESCO, 1990).

Pelo que entendemos, o foco desse excerto parece estar centrado no progresso social, econômico e cultural, de acordo com a visão das agências multilaterais, o que pode ser conferido por esta finalidade da educação anunciada no documento, qual seja:

> 4. A educação básica é mais do que uma finalidade em si mesma. Ela é a base para a aprendizagem e o desenvolvimento humano permanentes, sobre a qual os países podem construir, sistematicamente, níveis e tipos mais adiantados de educação e capacitação. (UNESCO, 1990).

Tendo em vista a premissa de que as concepções e princípios educativos anunciados na legislação tem relação com as mudanças dos tempos escolares ao longo da história da educação brasileira, entendemos que a ampliação dos tempos de escolarização na Lei 9.394/1996, surge em virtude dessa necessidade de melhorar a qualidade da educação voltada para suprir a necessidade de "capacitação" para o mundo do "trabalho".

Com isso, mesmo o tratamento dado à educação infantil como parte integrante da educação básica, junto com o ensino fundamental e o médio, emergiu como uma necessidade do mercado do emprego, que incluiu massivamente os homens e mulheres no processo produtivo do meio urbano.

Nesse contexto, a organização dos níveis da educação e anos de estudo da educação básica, conforme o artigo 30, inciso I e II, o documento previu que a educação infantil seria desenvolvida em dois ciclos, o primeiro para crianças de seis meses até três anos nas creches e o segundo nas pré-escolas, para crianças de 4 e 5 anos de idade. Ou seja, o projeto econômico neoliberal ao qual o País se alinhou teve como consequência a ampliação dos tempos de escolarização, de maneira a promover mudanças nos tempos escolares da educação brasileira.

Além dessa mudança mais estreitamente relacionada ao mundo do emprego, os tempos escolares tiveram outras transformações, sendo que se substituiu a denominação de ensino de primeiro, segundo e terceiro graus pelas expressões ensino fundamental, ensino médio e ensino superior, respectivamente. Enquanto isso, no ensino médio permaneceram os três anos mínimos de estudos e no ensino fundamental, foi acrescentado um ano de estudos em relação ao equivalente primeiro grau tratado na Lei 5.696/1971.

No que se refere à carga horária anual, ficou estabelecido, por meio do artigo 24, inciso I, que esta seria de 800 horas tanto para o ensino fundamental, quanto para o médio, "distribuídas por um mínimo de duzentos dias de efetivo trabalho escolar, excluído o tempo reservado aos exames finais, quando houver [..]". Além disso, volta a ser objetivada a necessidade de frequência mínima de 75% do total de dias letivos, como na Lei 4.024/1961 e Lei 5.692/1971. Em contrapartida, à educação infantil nada é especificado na LDB de 1996, com objetividade, quanto à organização temporal.

Com isso, podemos sintetizar essas informações da seguinte maneira, conforme Quadro 12:

Quadro 12: síntese da organização estipulada pela Lei 9.394/1996.

Segmento de ensino	Infantil		Fundamental	Médio
Duração mínima em em anos	*Creche*	*Pré-escola*	9	3
	3	2		
Dias letivos por ano	Não fixado		200	
Dias letivos por semestre	Art. 23; § 2º: O calendário escolar deverá adequar-se às peculiaridades locais, inclusive climáticas e econômicas, a critério do respectivo sistema de ensino, sem com isso reduzir o número de horas letivas previsto nesta lei (BRASIL, 1996).			
Carga horária anual	Não fixado		800	

Fonte: organização própria.

Junto às normatizações que foram atualizadas ou criadas (LDB), uma que causou forte impacto no direcionamento da organização temporal das escolas foi a Lei 13.415/2017, a qual, no artigo 24, inciso I, anunciou a ampliação da carga horária mínima anual dos sistemas de ensino do País de 800 horas para 1000 no ensino fundamental e no ensino médio, dentro do prazo de 5 anos a partir de março de 2017.

Essas horas estariam ainda distribuídas nos 200 dias de efetivo trabalho escolar. Porém, em relação ao ensino médio, abre-se a possibilidade de que para o cumprimento dos tempos escolares sejam utilizadas práticas de educação à distância, conforme a nova redação do artigo 36, parágrafo 11, inciso VI da Lei 9.394/1996[3].

Diante desse fato, os tempos escolares sofreram na legislação uma transformação que já estava em processo na sociedade, em virtude da incorporação das TDIC. Não se trata de algo novo na história da educação nacional, pois foi utilizada principalmente durante a Ditadura Militar, de maneira que seus representantes editaram o Decreto-lei 236/1967, no qual se encontra um tópico específico para a educação a distância. Importa destacar em nossa análise das transformações dos tempos escolares que o artigo 10 da Lei 13.415/2017 anuncia a existência de

3 O referido artigo traz o seguinte: "os sistemas de ensino poderão reconhecer competências e firmar convênios com instituições de educação a distância com notório reconhecimento" (BRASIL, 1996).

uma outra categoria de tempos escolares não contemplada por Parente (2010; 2006), mas que está fortemente arraigada na educação nacional.

Essa categoria, a qual denominamos tempos da escola, foi delimitada inicialmente tendo como referência o período que abrangia das 7 até as 17 horas, mas com a nova redação dada pela Lei 13.415/2017, tal como os tempos de escolarização, podendo se estender até as 21 horas.

De tal modo, podemos resumir essas alterações conforme Quadro 13:

Quadro 13: síntese da organização estipulada pela LBD 1996, após a publicação da Lei 13.415/2017.

<table>
<tr><th>Segmento de ensino</th><th colspan="2">Infantil</th><th colspan="2">Fundamental</th><th>Médio</th></tr>
<tr><td rowspan="2">Duração em anos</td><td>Creche</td><td>Pré-escola</td><td>Anos iniciais</td><td>Anos finais</td><td rowspan="2">3</td></tr>
<tr><td>3</td><td>2</td><td>5</td><td>4</td></tr>
<tr><td>Dias letivos por ano</td><td colspan="2">Não fixado</td><td colspan="3">200</td></tr>
<tr><td>Dias letivos por semestre</td><td colspan="5">Art. 23; § 2º: O calendário escolar deverá adequar-se às peculiaridades locais, inclusive climáticas e econômicas, a critério do respectivo sistema de ensino, sem com isso reduzir o número de horas letivas previsto nesta lei (BRASIL, 1996).</td></tr>
<tr><td>Carga horária</td><td colspan="5">800</td></tr>
</table>

Fonte: organização própria.

Em suma, quanto aos tempos escolares, podemos considerar que a Reabertura Democrática apresentou um momento de transformação com a progressiva ampliação dos tempos escolares, que incidiram sobre um maior tempo de escolarização, antecipação dos tempos de escola, assim como a evidência dos tempos da escola. Nesse sentido, a qualidade da educação desse período parece estar associada ao tempo de escolarização dos estudantes, não se restringindo à relação entre o tempo e o espaço escolares. Assim, no próximo capítulo, além de analisar as relações implícitas nas transformações dos tempos escolares, destacamos a necessidade de estudos dessa nova categoria de tempos escolares, em um contexto de política neoliberal aplicada à educação deste País.

Capítulo IV

Os tempos escolares: discussões e resultados

Como anunciado no título deste capítulo, nos dedicamos aqui a analisar o panorama geral dos tempos escolares ao longo da história da educação brasileira, procurando refletir sobre os resultados de nossa pesquisa, em especial no que se refere aos tempos da escola. Procuramos entender, por meio da análise da legislação educacional, por que os tempos escolares estão variando ao longo da história da educação brasileira?

O objetivo principal é compreender as motivações das transformações dos tempos escolares e sua relação com as qualidades da educação ao longo da história educacional do Brasil. De tal feita, diante dos estudos bibliográficos procedidos no capítulo I e da reconstrução historiográfica a partir da legislação educacional nos capítulos II e III, neste capítulo procuramos atingir o último objetivo específico exposto no introito deste texto, qual seja, entender qual a repercussão das mudanças na legislação educacional para a construção dos tempos escolares até o final de 2020.

No intento de atingir os objetivos declarados, fizemos uma pesquisa bibliográfica com os termos "tempos escolares" no Google Acadêmico[1], de onde selecionamos os artigos e uma tese que compõe nosso corpus de análise sobre a temática. Após a identificação pelo título dos artigos, teses e dissertações, percebemos que muitos deles não contemplariam nosso objetivo principal do livro, por isso nos limitamos àqueles que versavam sobre aspectos mais gerais da construção

1 Link direto: https://scholar.google.com.br/?hl=pt. Acesso em 30 de set. de 2020.

dos tempos escolares, os quais não estavam sendo direcionados a enfoques muito específicos, como por exemplo, "os tempos escolares na escola", ou "o calendário anual da escola", ou ainda, "os tempos escolares na educação física".

A partir dessa restrição inicial, procuramos ler os resumos dos documentos que tratavam da temática entre os anos de 2000 e 2020 para entender sua possibilidade de contribuição com a visão sócio-histórica e cultural que discutimos aqui. De 12 resultados encontrados, selecionamos os que acreditamos contribuir mais diretamente para esta construção textual. Nos utilizamos de Ferreira e Arco-Verde (2001), que retratam o tempo escolar como algo institucional, o qual resulta de uma construção histórica e cultural. Para as autoras, "as principais características do tempo escolar, a sua organização, sua estrutura e suas práticas nos diferentes sistemas de ensino, implicam em diferentes definições sobre a arquitetura temporal da educação" (FERREIRA; ARCO-VERDE, 2001, p. 8).

Gouveia (2004; 2001), por sua vez, contribuiu diretamente com o entendimento da construção dos tempos de escola, em suas reflexões sobre a construção da idade escolar na história da educação. Parente (2010; 2006) foi o ponto nevrálgico de nossas análises, pois a partir das elaborações das categorias de tempos escolares orientamos nosso olhar para a legislação que tratou diretamente dos tempos escolares ao longo da história da educação nacional. Faria Filho e Bertolucci (2009) ajudaram a perceber que os tempos escolares atuam como condicionamentos sociais que repercutem nas experiências dos sujeitos, dialeticamente interferindo na cultura escolar.

Teixeira e Leal (2009), que se prestaram a analisar a "arquitetura" dos tempos escolares, por meio do estudo dos calendários e horários escolares, junto aos outros, também contribuíram na análise que fazemos mais adiante neste capítulo.

Com base na leitura interpretativa desses textos consideramos que a utilização das categorias de tempos escolares propostas por Parente (2010; 2006) nos auxiliariam na consecução de nosso objetivo principal, por isso alinhamos nosso olhar para as três categorias elaboradas por ela, ou seja, (i.) os tempos de escola, os (ii.) tempos de escolarização e os (iii.) tempos na escola.

A partir dessas categorias, fizemos a seleção da legislação da educação que contemplava os tempos escolares objetivamente, ao que recorremos à historiografia da educação elaborada por Romanelli (1989), Ribeiro (1992) e Shigunov Neto (2015), as quais acrescentamos outros autores que tratavam de períodos específicos da história da educação nacional (FRANCA, 1952; LOURENÇO FILHO, 1954; BAUER E SILVA, 2005; SHIGUNOV NETO; MACIEL, 2008; HANSEN, 2010; LIBÂNEO, 2012; MARTINS, 2015; BERGO, 2016; CARVALHO, 2018; SOUZA, 2019).

Como a periodização histórica da educação elaborada pelos autores não coincidia entre si, resolvemos por utilizar os estudos de História do Brasil elaborados por Goyena Soares (2016a; 2016b), a partir do qual delimitamos os períodos de análise, conforme figura 1 (ver página XX) disposta na introdução desse livro.

Com isso preparado, como lente de análise da legislação, desdobramos as três categorias de tempos escolares propostas por Parente (2010; 2006) nos seguintes fatores: (1) início da escolarização anunciado, ou não, na legislação; (2) divisões dos segmentos/níveis de ensino, dos ciclos de ensino; (3) anos destinados a cada nível ou ciclo; (4) divisão dos tempos dentro de um mesmo ano; (5) quantidade de dias letivos; e (6) carga horária anual. A partir de uma análise qualitativa, a qual resultou em dados quantitativos, procuramos demonstrar a variabilidade dos tempos escolares na legislação educacional.

Nessa análise foi possível perceber que as mudanças nos tempos escolares não se deram como fatos isolados na legislação, mas em decorrência de concepções, princípios e finalidades educativos que respaldavam essas transformações, de maneira que, em um movimento dialético, procuramos retomar todo nosso material de análise com um novo olhar. Nessa retomada, buscamos encontrar as concepções, princípios e finalidades educativos que motivaram a transformação da legislação e, por conseguinte, os tempos escolares. Na maior parte dos casos isso não era evidente na legislação, de forma que recorremos à historiografia da educação novamente (ROMANELLI, 1989; RIBEIRO, 1992; SHIGUNOV NETO; 2015).

Nosso pressuposto inicial relacionava as transformações dos tempos escolares à qualidade da educação, porém o estudo mais aprofundado da história da educação revelou que essa é uma preocupação mais recente na literatura pedagógica, que surgiu principalmente na segunda metade do século XX, conforme apontamento de Soares (2016). Diante disso, ao abordar a qualidade da educação também como um processo sócio-histórico e cultural, procuramos na história elementos que estivessem ligados à sua construção.

Percebemos com isso que sempre houve tentativas de melhorar a educação, no entanto, o termo qualidade só fora aparecer na legislação aqui analisada a partir da Primeira República, além disso, com outra aplicação relacionada à qualificação simultânea do professor como lente[2]. De tal forma, com o olhar de pesquisador contemporâneo, buscamos aspectos qualitativos da educação relacionados aos tempos escolares em todos os períodos da história da educação que analisamos. Para tanto, foram conceituados inicialmente nosso olhar sobre a qualidade da educação no capítulo I, ao que nos utilizamos, entre outros autores (DEMO, 2007; DAVOK, 2007; DOURADO; OLIVEIRA; SOUZA, 2007; GADOTTI, 2013; SOARES, 2020), das discussões de Dourado e Oliveira (2009) sobre qualidade social da educação. Investidos desse olhar, ao longo dos capítulos II e III, procuramos apontar alguns aspectos ligados a construção dos tempos escolares que podem ser relacionados a qualidade da educação.

2 Assim eram conhecidos os professores catedráticos que participavam das bancas de exame, de acordo com o Decreto 981/1890 (BRASIL, 1890)

Esse percurso de pesquisa e escrita nos traz até esse ponto, a partir do qual procuramos estabelecer relações dos tempos escolares expressos na legislação educacional, com a qualidade da educação, de maneira que utilizamos as seguintes categorias: (i) quantidade e (ii) qualidade dos tempos escolares.

A escolha dessas categorias se justificou por contemplar dois dos atributos da qualidade da educação apontados por Dourado e Oliveira (2009) que estão relacionados aos tempos escolares, sendo eles: "definição de programas curriculares relevantes aos diferentes níveis, ciclos e etapas do processo de aprendizagem [..] jornada escolar ampliada ou integrada, visando a garantia de espaços e tempos apropriados às atividades educativas" (DOURADO; OLIVEIRA, 2009, p. 209). Por estarem expressos na legislação, esses atributos contemplaram nossa categoria de qualidade social da educação de maneira que podemos relacioná-la aos tempos escolares, para entrecruzarmos as informações e proceder com nossa análise.

Com isso, percebemos a existência de uma outra categoria de tempos escolares a qual denominamos "tempos da escola", e que emerge das práticas sociais de educação que não se passam dentro do espaço escolar. Apesar de assemelhar-se a um avanço dos processos educativos, devemos lembrar que durante um longo período da história da educação deste País tentou-se lutar para a estruturação dos sistemas de ensino.

Como resultado disso, foi possibilitada a emergência dos tempos da escola em detrimento dos tempos de estudo para prestação de exames que se verificaram desde o Período Colonial até a Era Vargas. Interessa, pois, estudar essa categoria dado que sua utilização nas práticas educativas pode trazer alguns retrocessos para o sistema de educação pública e gratuita. Por isso, interessa-nos reconhecer suas minúcias, de modo a utilizá-las a favor da superação dos obstáculos que dificultam, ou impossibilitam, a emancipação dos sujeitos em situação de exploração cultural, financeira, emocional, ecológica etc.

Nas próximas seções deste capítulo, procuramos analisar as quatro categorias apontadas, destacando a relação de suas transformações com as concepções, princípios e fins educativos, a ponto de evidenciar a justificativa da emergência dessa categoria com os princípios de qualidade da educação hegemônica. Tomamos como base para nossa análise as informações levantadas nos dois capítulos anteriores, as quais organizamos nas seguintes categorias: (i.) agrupamentos de períodos e na legislação correspondente; (ii). concepções educativas; (iii.) princípios; (iv.) tempos de escola; (v.) tempos de escolarização; (vi.) tempos na escola; (vii.) tempos da escola. De tal feita, organizamos a exposição da análise nas quatro categorias de tempos escolares que estudamos, as quais constituem as quatro próximas seções deste capítulo.

Tempos de escola: qual a idade certa?

Dado que no período inicial de ocupação dessas terras uma grande massa popular não tinha acesso à cultura letrada, a própria idade era uma questão controversa, ainda mais se formos tratar dos indígenas que aqui viviam antes da colonização pelos portugueses. Isso nos leva a aceitar que os tempos de escola variaram de acordo com as concepções de criança e infância que foram construídas socialmente (GOUVEIA, 2004), o que se tornou central em nosso estudo quando vimos que durante o período colonial não havia uma idade definida para o ingresso na educação oferecida pelos jesuítas, não podendo ser admitidos nem crianças muito novas, a não ser que demonstrassem que eram dotados, nem rapazes já crescidos.

Por meio dos estudos sobre o tempo, no capítulo I, Elias (1998) nos alertou para o fato de que a própria idade é uma elaboração humana, dado que o advento do calendário e, por conseguinte, a contagem dos anos de vida de uma pessoa são construções sócio-histórico-culturais que sofreram variações ao longo do tempo. Não obstante, Gouveia (2004) destaca o seguinte: "a identidade infantil construiu-se associada à condição social da infância, à inserção da criança num grupo social, étnico e de gênero que se superpõe à condição geracional" (p. 277). Essa ideia de que a idade escolar se trata de uma elaboração humana se traduz no sistema jesuíta de educação pelos objetivos assumidos pela Companhia de Jesus, a qual tinha entre os propósitos formar o homem nobre, o bom cristão, assim como preparar os futuros clérigos para a Igreja, papéis que não poderiam ser assumidos por aqueles que se encontravam na situação de escravos, conforme estabelecido na legislação da educação do Período Colonial.

Durante o Segundo Reinado, eram considerados como estando em idade escolar os meninos até os 14 anos de idade, sendo os tempos de escola definidos a partir dos 7 anos. Contudo, essa idade mínima poderia ser adiantada para a faixa etária dos 6 anos, caso os alunos demonstrassem aptidão aos estudos, tal como poderiam ser estendidos caso não houvesse bom aproveitamento. Dessa forma, os tempos de escola foram tratados como privilégios no Segundo Reinado, sendo que aqueles que tinham seus estudos domésticos adequados aos propósitos da escola poderiam usufruir, até mesmo antecipando o período de escolarização.

Quando na Primeira República a concepção de educação se pautou nos ideais positivistas, houve uma tentativa de maior racionalização dos tempos de escola, sendo eles definidos dos 7 aos 13 anos para o ensino secundário. Embora estivesse assentada nos princípios de liberdade, a educação era acessada por uma pequena parcela da população, pois a carência de instituições que oferecessem os estudos elementares, tal como a possibilidade de que os estudos do secundário fossem feitos na casa dos estudantes criava um grande obstáculo para a maior parte da população pouco abastada financeiramente, de acordo com os estudos de Ribeiro (1992).

A impossibilidade de se criar um parâmetro de idade escolar a partir da idade biológica pode ser notado ainda na Primeira República, como depreendemos dos estudos de Gouveia (2004), o que revelou um certo desconhecimento da idade oficial, a qual inferimos ter relações com as formas de registro de nascimentos que passam a ser civis somente com o Decreto 5.604/1874[3], no final do Segundo Reinado[4]. Podemos perceber isso na legislação da educação, por exemplo, no Decreto 11.530/1915 (BRASIL, 1915) em que não se define um tempo de escola (início da escolarização), mas define-se um período suficiente para que o ensino secundário cumprisse sua função de preparar para o exame de acesso ao ensino superior. Mais adiante na história, o Decreto nº 16.782-A/1925 (BRASIL, 1925) que procura alinhar a educação ao mercado de trabalho, entendendo a emergência de escolas de ensino elementar nos estados, adia oficialmente o tempo de escola para os 8 anos de idade, se estendendo até os 11 anos no ensino primário, sendo obrigatória a frequência aos estabelecimentos de ensino. Ou seja, nesse momento a relação entre o tempo e o espaço educativo parece se estreitar, mas a verificação dessa seria feita pelas instituições de ensino, o que podia gerar grandes contrastes entre elas e os sistemas.

Na Era Vargas, o crescimento da indústria fez com que a necessidade de mão de obra fosse intensificada pelo baixo nível de educação da população, de forma que o enfoque no ensino primário reafirmou o adiamento do ensino secundário para os 11 anos de idade, sendo obrigatória a frequência sob a condição de se prestar o exame ao final do ano para prosseguir para a série seguinte. Nesse contexto, os tempos de escola serviram para implantar os ideais nacional-desenvolvimentistas, cujo propósito era desenvolver o sentimento patriótico e formar uma base de militares para possíveis combates. Assim, os tempos em que os estudantes estavam no espaço escolar eram importantes para o implante das ideias nacionalistas, de modo que ao final da Era Vargas o tempo de escola foi estendido até os 17 anos de idade.

Por outro lado, ainda na Era Vargas, tiveram repercussão na legislação os

3 Com a publicação do Decreto 5.604/1874, os registros de nascimento das crianças deixaram feitos pelas igrejas e passaram a ser registros civis.

4 De acordo com dados recentes do site do IBGE, o registro tardio ainda é uma prática recorrente nas regiões Norte, Nordeste e Centro-Oeste do País. Disponível em: https://cnae.ibge.gov.br/en/component/content/article/97-7a12/7a12-voce-sabia/curiosidades/3271-registro-de-nascimento.html?Itemid=6160. Acesso em: 22 dez. 2020.

ideais escolanovistas, que tentaram mudar o modelo educacional praticado desde os jesuítas que fazia da educação formal um privilégio. Eles buscaram colocar o estudante no centro do processo educativo, em oposição à educação em que o docente tinha centralidade.

A tentativa de pôr as aptidões e anseios dos estudantes como orientação para os processos educativos demonstra a emergência do que chamamos atualmente de qualidade social da educação. No entanto, a busca em formar a personalidade integral dos adolescentes, sua formação espiritual e consciência humanística, que esteve disposta no Decreto- lei 4.244/1942 (BRASIL, 1942), contrastou com a necessidade de que a educação pública fosse aberta a iniciativa privada, abrindo a possibilidade de diversas interpretações para a obrigatoriedade de educação escolar dos sete aos 12 anos de idade.

Quando se instaura a República Liberal os ideais dos escolanovistas se corporificam novamente no intento de oferecer às crianças de sete a doze anos as condições de formação e desenvolvimento da personalidade. Nesse sentido, percebe-se não só maior preocupação com a delimitação da idade da criança, que aumenta um ano em relação à Era Vargas, mas também com a especificidade dessa fase da vida humana para a constituição da personalidade. No Decreto 8.529/1946 (BRASIL, 1946), os princípios educativos anunciados demonstram que houve a tentativa de pôr o estudante no centro do processo educativo, sendo que havia uma preocupação com o desenvolvimento graduado e sistemático do ensino, levando-se em consideração os interesses da infância.

Essa postura seria mantida até a publicação da Lei 4.024/1961 (BRASIL, 1961), na qual encontramos que um dos propósitos da educação oferecida era "o preparo do indivíduo e da sociedade para o domínio dos recursos científicos e tecnológicos que lhes permitam utilizar as possibilidades e vencer as dificuldades do meio". Ou seja, reclamava-se uma educação contextualizada, que levasse em consideração os anseios sociais, as lutas enfrentadas pelo povo em seu processo de afirmação. No entanto, essa mesma realidade social que se procurava alterar por meio da educação atravancava o acesso dos estudantes mais carentes, que disputavam o tempo com assuntos de serviço doméstico, ou mesmo emprego desde a mais tenra idade. Nesse período, parece se reconhecer o fracasso em se delimitar uma idade final para o processo educativo, o qual iniciado aos sete anos de idade não era concluído por grande parte dos estudantes.

Apesar desse avanço em termos de qualidade social da educação, a Lei 4.024/1961 (BRASIL, 1961) teve uma breve vigência, sendo ela suplantada pela Ditadura Militar e seu viés tecnicista. Nesse sentido, os tempos de escola, delimitados dos 7 até os 14 anos, não vinculavam diretamente o tempo ao espaço escolar, pois o foco era a empregabilidade e o que concorresse com isso ficaria em segundo plano. É o que se percebe, por exemplo, pela possibilidade de matrícula por disciplina e da organização de classes que reunissem alunos de diferentes séries e de equivalentes níveis de adiantamento, tal como acontecia no Período Colonial e Segundo Reinado. Novamente, a frequência obrigatória seria relativizada tendo em vista o mercado de trabalho, e teríamos o início do que hoje conhecemos como progressão continuada.

Quando se dá a Reabertura Democrática, diante das lutas de diversos setores da sociedade por uma escola mais democrática, percebemos uma visão ampliada da educação, entendendo-a como um processo ontológico que "abrange os processos formativos que se desenvolvem na vida familiar, na convivência humana, no trabalho, nas instituições de ensino e pesquisa, nos movimentos sociais e organizações da sociedade civil e nas manifestações culturais" (BRASIL, 1996). Em contrapartida, essa mesma educação que poderia ser proveitosa para o povo passa por um processo de apropriação por parte do capital financeiro representado pelas agências internacionais, as quais impõem a lógica neoliberal nos processos educativos.

Nesse cenário, fica evidente que a educação serve ao capital e que o estudante deve se preparar para o constante processo de desenvolvimento da lógica capitalista neoliberal do mercado de trabalho. Ou seja, não basta pôr o estudante para trabalhar desde muito cedo para que o mercado tenha bons frutos, é preciso prepará-lo para o que está por vir, conforme se depreende da leitura de Bergo (2016). Mas no caso brasileiro a instituição escolar cumpre várias outras funções sociais que não a educativa, por isso o prolongamento dos tempos de escola dos 4 aos 17 anos, parece não ser mais do que uma tentativa de suprimir carências geradas pela desigualdade social, que incidem sobre a fome, violência, abandono infantil, falta de lazer, saúde etc., conforme advertiu Libâneo (2012).

Ainda em relação aos tempos de escola, para se ter uma visão geral das mudanças ocorridas ao longo da história da educação brasileira por meio da legislação analisada, sintetizamos as informações no quadro 14, a seguir:

Quadro 14: evolução dos tempos de escola.

Legislação analisada	Anos de estudo
Constituições da Companhia de Jesus/1950	5
Ratio Studiorum/1599	5
Decreto 1.331-A/1854	9
Decreto 981/1890	13
Decreto 11.530/1915	5
Decreto 16.782-A/1925	6
Decreto 19.890/1931	7
Decreto-lei 8.347/1945	7
Decreto-lei 8.529/1946	11
Lei 4.024/1961	11
Lei 5.692/1971	15
Lei 9.394/1996	17
Lei 13.425/2017	17

Fonte: organização própria.

Pelo que vimos, a variabilidade dessa categoria de tempos escolares é bastante notável, passando de documentos que mencionam 5 anos de estudo, até chegar aos atuais 17 anos da LDB 9.394/1996 (BRASIL, 1996), acrescida da Lei 13.425/2017, o que demonstra uma variação de 12 unidades anuais de estudos. Essa variação pode ser melhor observada no gráfico 1 a seguir:

Gráfico 1: evolução dos tempos de escola.

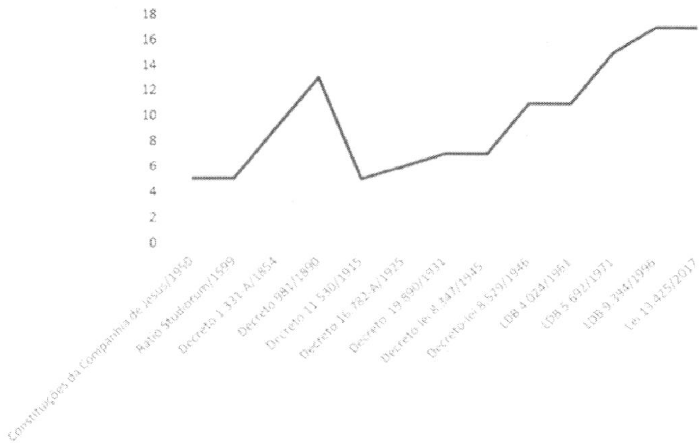

Fonte: organização própria

Conforme procuramos demonstrar ao longo desta seção, tal como o tempo de escola não foi estanque ao longo da história, essa variação não é automática e se mostrou crescente desde a Primeira República. Ela ocorre em virtude das concepções de educação que a ensejam, concepções predominantemente liberais, voltadas para o processo de industrialização do País, mas entremeadas por regimes políticos centralizadores.

Ambas as expressões políticas desses sistemas de governo consolidaram um progressivo aumento de tempo de escola e contribuíram para a construção dessa categoria de tempo escolar. Primeiro, na Primeira República, ao tornar necessário ao processo de desenvolvimento econômico do País, o tempo da escola procura encurtar a duração da formação educacional em relação ao Segundo Reinado. Nesse sentido, a qualidade da educação e, em decorrência, dos tempos escolares, está mais assentada no quantitativo que qualquer outra coisa. Sendo a redução do tempo, maior possibilidade de formação em termos quantitativos.

Outro ponto de destaque na construção dos tempos da escola está assentado na Reabertura Democrática, em que se delimitou da creche ao ensino médio um intervalo de 17 anos de escolarização. Nesse contexto já estava consolidado na própria legislação que as funções sociais cumpridas pela escola não se restringiam somente a transmissão de conteúdos cognitivos, e que, por isso, o tempo de permanência na escola passa a ser reconhecidamente um investimento indireto em outras áreas sociais que contribuem para o princípio expresso da qualidade da educação. Nesse sentido, os tempos de escola passam a ser traduzidos na legislação como atributos essenciais para uma educação de qualidade.

Como vimos no capítulo I, as concepções de qualidade são diferentes dependendo do papel que se atribui à educação em cada período. Seja para formar os clérigos, seja para formar mão de obra para a indústria, ou para o acolhimento social, acreditamos que essas transformações dos tempos escolares estão atreladas a uma busca de qualidade da educação hegemônica, a qual não concordamos em diversos pontos, como a relação direta que se faz entre quantidade e qualidade. Como já advertira Gadotti (2013), nem sempre a quantidade pode ser tomada como qualidade, principalmente no final da segunda década do século XXI em que a escola do acolhimento social tem deixado de cumprir funções essenciais de conhecimento, como ponderou Libâneo (2012).

Ao longo desse livro percebemos que a qualidade da educação no que se refere aos tempos de escola esconde algumas mazelas históricas que ainda assombram nossa realidade e dificultam nosso avanço enquanto nação, tal como a educação excludente para os escravos até o Segundo Reinado. Por isso, acreditamos que a determinação da faixa etária do período de início e fim do processo de escolarização não constitui por si só um atributo da qualidade social da educação. Quer dizer, não basta abreviar o início do processo de escolarização, nem estender sua duração para que se atinja ideais de formação integral dos sujeitos de acordo com suas necessidades a curto, médio e longo prazo. É necessário que esses tempos de escola sejam permeados por tempos de escolarização, tempos na escola e tempos da escola que estejam contextualizados no que os dá suporte, no caso aqui, a educação pública brasileira com suas contradições imanentes, mas com potencial humano disponível para tal empreendimento.

Tempos de escolarização: uma solução?

Iniciamos nossa análise dos tempos de escolarização do estudo das Constituições da Companhia de Jesus e do *Ratio Studiorum*/1599, nos quais percebemos a preocupação com os níveis de ensino e o foco dado ao ensino secundário, em detrimento dos outros. Foi no Período Colonial que tivemos a primeira definição dos níveis de ensino da educação formal, sendo eles o das primeiras letras, sob responsabilidade das famílias; o secundário, ou ensino inferior, e o superior, ambos a cargo da Companhia de Jesus.

Durante o Segundo Reinado, cabe destacar o apontamento de Zotti (2005) de que nesse período aconteciam dois regimes de estudo no nível secundário, o regular, seriado; e o irregular, que era feito por particulares com vistas a que o estudante prestasse os exames para o ensino superior. A partir da evidência do ensino irregular podemos perceber que apesar da divisão em séries durante o Segundo Reinado, elas não estavam relacionadas diretamente a faixa etária dos estudantes. Isso já foi discutido na seção anterior quando mencionamos a possibilidade de que estudantes que demonstrassem aptidão aos estudos o antecipassem para os seis anos quando a idade inicial era aos sete. Dessa forma, os que tinham acesso à educação em suas casas poderiam deixar de respeitar à delimitação do nível escolar.

Ademais, diante da publicação do Decreto 1.331-A/1854 (BRASIL, 1854) ficou reconhecido na legislação educacional o nível de ensino primário, o qual foi dividido em duas classes, com estudantes de cinco até 15 anos de idade, conforme artigo 70. Em relação ao ensino secundário, o Decreto 1.556/1855 (BRASIL, 1855), sua divisão se deu em dois ciclos: o ensino de 1ª classe, correspondendo ao total de quatro anos; e o ensino de 2ª classe, correspondendo a três anos de estudo, conforme o artigo 4. Analisando o quantitativo total dos dois níveis, haveria a possibilidade de que os estudos se desenvolvessem em um total de 17 anos, como encontramos na legislação educacional até o ano de 2020.

Em contrapartida, associado ao fato da abreviação dos estudos por meio dos exames parcelados, percebemos que a tentativa de ordenação do ensino por faixas etárias expõe contradições da organização dos níveis, que se referem ao seguinte: (i.) ao fato de que havia um intervalo de 10 anos previstos para que os estudantes completassem o ensino primário, o que demonstra a desigualdade de acesso à educação entre as faixas etárias; (ii.) que essa extensão do ensino primário trata-se de uma data limite para o início e conclusão do nível, não atendendo uma seriação correspondente. Mesmo porque, conforme o artigo 72 do Decreto 1331-A/1854 (BRASIL, 1854), aqueles estudantes que não se adequassem às regras disciplinares poderiam ser expulsos da escola.

No que se refere à reflexão sobre a Primeira República (BRASIL, 1890), notou-se que houve a divisão do ensino primário em ciclos, da seguinte forma: ensino de 1º grau – elementar, para estudantes de 7 a 9 anos e o médio para os de 9 a 11; e de 2º grau, correspondendo ao ciclo superior, para os estudantes de 11 a 13. Data da publicação do Decreto 981/1890 (BRASIL, 1890) a tentativa de integração do ensino primário com o nível posterior, dado que o 1º grau passou a ser exigido para o ingresso no ensino secundário, com duração de 7 anos. No entanto esta tentativa esbarra no fato de que no Decreto 11.530/1915 (BRASIL, 1915), os candidatos ao exame vestibular deveriam apresentar os certificados de aprovação em conteúdos alinhados ao plano de estudos do Colégio Pedro II. Isso faz supor que não havia um certificado único de conclusão do ensino secundário, mas sim de seus conteúdos. Ao mesmo tempo, o Decreto 11.530/1915 (BRASIL, 1915) estabelece um limite máximo de cinco anos como suficiente para que os estudantes concluíssem o ensino secundário e prestassem o exame vestibular após o ensino secundário.

Não obstante, sob o anúncio da necessidade de ampliar a abrangência do ensino elementar, no Decreto 16.782-A/1925 (BRASIL, 1925) a divisão racional dos ciclos de estudos do ensino primário que se verificou no início da Primeira República passou a estar direcionada às "urgentes necessidades da população, tendo em vista a estatística dos menores em idade escolar (8 a 11 annos de idade)", conforme artigo 26. Dividido em seis anos, o ensino secundário, por meio do artigo 49, o Decreto 16.782-A/1925 (BRASIL, 1925) definiu as séries como "as provas de conclusão de estudo das matérias, nos diversos annos de curso, [..]" e institui o regime seriado. Porém, conforme o artigo 55 do Decreto (BRASIL, 1925), o ensino secundário volta a ter como exigência a prestação de exames para o ingresso.

Durante a Era Vargas, no Decreto 19.890/1931 (BRASIL, 1931), que reafirma o regime seriado no ensino secundário em dois cursos, sendo o fundamental de cinco anos e o complementar de dois, permanece a necessidade de exame de admissão a partir dos 11 anos de idade. No documento, percebemos que os exames de admissão para o ensino superior estavam condicionados ao curso preparatório chamado de complementar (artigos 3 e 4). Isso pode ser apresentado como um problema, pois, de acordo com Ribeiro (1992) e Romanelli (1986), permaneceu um ensino secundário servindo como um privilégio acessível para uma pequena parcela da população, constituída majoritariamente pela elite social. Romanelli (1986) pontua que as transições políticas e sociais que podem ser observadas durante o período correspondente à Era Vargas representaram um processo de transição da sociedade, a qual passava por um processo de intensificação da implantação do sistema capitalista.

Para ela, "o capitalismo, notadamente o capitalismo industrial, engendra a necessidade de oferecer conhecimentos a camadas cada vez mais numerosas, seja pelas exigências da própria produção, seja pelas necessidades do consumo que essa produção acarreta" (p. 59). Nesse sentido, houve um aumento de matrículas no ensino primário, saltando de 2.071.473 em 1932 para 2.750.014 em 1936, no entanto desses matriculados somente 831.223 e 1.153.212 foram aprovados, respectivamente. No que se refere ao ensino secundário, no mesmo ano de 1932 somente 56.208 estudantes efetuaram suas matrículas em 1932 e 107.649 em 1936, sendo que do total de matriculados em 1932, quatro anos depois a taxa de reprovação foi de 22.546. Isso, de acordo com Ribeiro (1992), não eliminou o fato de que o ensino secundário era trilhado majoritariamente pela elite social da época.

Mais adiante na história, permanecendo a idade mínima de ingresso de 11 anos de idade, com o Decreto-lei 4.244/1942 (BRASIL, 1942) o ensino secundário passou a ser organizado novamente em dois ciclos, mas um com quatro anos, chamado de ginasial e outro o colegial com três anos, de acordo com os artigos 2 e 3. No Decreto-lei 8.347/1945 (BRASIL, 1945) ficaram estabelecidos: ao ginásio o ensino de primeiro ciclo, e ao colégio um ou dois cursos de segundo ciclo de três anos. Com a publicação do Decreto 8.529/1946 (BRASIL, 1946), o ensino primário que na Primeira República tinha cinco anos divididos em 3 ciclos, continuou com os cinco anos, contudo passou a ser dividido em dois ciclos, o primeiro denominado elementar de quatro anos e o segundo complementar de um.

A despeito da alteração da nomenclatura para o ensino primário, ele não era um instrumento para o acesso ao ensino secundário (conforme artigo 36), que passou a ser denominado grau médio. Com o ingresso aos onze anos de idade, a LDB 4024/1961 (BRASIL, 1961) estabeleceu sua conclusão em sete anos, divididos ainda nos ciclos ginasial de quatro séries anuais e o colegial de três, como no período anterior. Disso se depreende que mesmo incorporando em um mesmo documento o que antes foi tratado como diferentes níveis de ensino em legislações diversas, ao configurar os segmentos de ensino a LDB 4.024/1961 (BRASIL, 1961) não promoveu sua integração. No mesmo sentido, a recorrência para o estabelecimento para a idade mínima no ensino secundário/médio revelou que poderia faltar correspondência entre o início da escolarização e sua continuidade até a chegada dos estudantes ao ensino médio.

Na LDB 5.692/1971 (BRASIL, 1971) a divisão dos ciclos de ensino marcou a integração entre o de primeiro grau e o de segundo grau ao explicitar a exigência de conclusão do primeiro para o ingresso no segundo. No documento, o ensino de primeiro grau com início obrigatório aos sete anos de idade passou a incorporar parte do tempo em anos que antes eram destinados ao ensino secundário, de forma que dos cinco anos verificados na República Liberal tiveram agregados três. Em contrapartida, o ensino de segundo grau, correspondente ao que foi ensino secundário até a publicação da LDB 4.024/1961 (BRASIL, 1961), teve a redução de quatro ou cinco anos de estudo. Outrossim, o ensino de segundo grau poderia ser desenvolvido em no mínimo dois e no máximo cinco anos dependendo do regime de aproveitamento de matrículas por disciplinas.

Na Reabertura Democrática, com o reconhecimento oficial da educação infantil como um segmento de ensino na LDB 9.394/1996 (BRASIL, 1996), os ciclos de ensino se tornaram mais subdivididos, no entanto, compondo um só nível da educação, a educação básica. Sua configuração ficou da seguinte forma: (i) ensino infantil, creche com três anos e pré-escola com dois; (ii) ensino fundamental, anos iniciais com cinco anos e anos finais com quatro; e ensino médio, com 3 anos. Como mencionado no capítulo anterior, concomitantemente a alteração dos ciclos legislados houve o aumento dos anos letivos que passaram de 15 para 17 oficialmente. Como aconteceu na LDB 5.692/1971 (BRASIL, 1971), na LDB 9.394/1996 (BRASIL, 1996) modificaram-se as formas de progressão nas séries, deixando mais diretamente aos cuidados dos sistemas de ensino as formas de promoção dos estudantes.

De tal feita, essas transformações nas terminologias utilizadas para designar os diferentes ciclos de estudos demonstram que eles não são imutáveis, mas também que serviram ao longo da história como um fator de distinção social, sendo o acesso ao ensino secundário um privilégio acessado por poucos. Além disso, esse fracionamento em níveis de estudo apresenta paralelos entre os níveis básico e superior ainda em 2020, o que incide, por exemplo, na entrada dos jovens no mercado de trabalho. Isso se verifica, por exemplo, pela exigência de escolaridade mínima para a ocupação de algumas funções empregatícias, o que coloca, portanto, a obtenção de alguns níveis de ensino como pré-avaliação para a ocupação de cargos de emprego.

Tempo na escola: uma espaço-temporalidade?

Como foi discutido anteriormente, os tempos escolares são concebidos como construções sócio-históricas que se manifestam nas práticas culturais dos espaços escolares. Nesse sentido, tempo e espaço não são entendidos de forma separada quando falamos da concepção de tempos escolares, os dois termos constituem uma só concepção: uma concepção de tempo que se desenvolve de forma relacionada ao espaço escolar. Por essa especificidade, é distinto de outros tempos sociais, pois tem suas próprias configurações, mas não depende do contexto em que está inserido. Por isso, ao analisarmos os tempos escolares por meio da legislação educacional temos consciência de que sua manifestação no ambiente escolar pode diferir do que normatiza a legislação, pois, conforme Miguel (2013), entre o que a lei estabelece e o que se verifica nas práticas sociais pode diferir.

Essa ressalva inicial se torna necessária à medida que anunciamos nossa intenção de analisar os tempos na escola, aqueles referentes às formas que as instituições organizam seus projetos pedagógicos e vivenciam os tempos escolares. No entanto, nossa intenção nesta seção está centrada na análise de três fatores que consideramos interferir diretamente na apropriação dos tempos escolares pelos agentes educativos. São eles: (i.) a exigência de frequência ao espaço escolar, (ii.) a quantidade de horas de estudos anuais e (iii.) a divisão de semestres e afins ao longo do ano.

Como foi discutido ao longo do capítulo II, o início de nosso País foi marcado por uma educação voltada para uma pequena parcela da população, sendo entendida, portanto, como um benefício para alguns estudantes. Além do fator de desigualdade no acesso à educação, nesse período a educação anunciada na legislação não era considerada obrigatória, sua finalidade, como vimos, estava direcionada a formação de clérigos para a Companhia de Jesus e para compor a elite social da época (RIBEIRO, 1992; SHIGUNOV NETO, 2015).

Nesse contexto, os espaços escolares eram restritos, mas algumas edificações eram destinadas para fins educativos, funcionando durante a vigência das Constituições da Companhia de Jesus por volta de 300 dias anuais e no *Ratio Studiorum*/1599 por 215. Assim, embora Shigunov (2015) credite eficiência à obra jesuíta, no que se refere aos tempos na escola, a vivência das respectivas 1100 e 1080 horas pode ser considerada como um benefício dado a uma pequena elite social da época.

De acordo com nossa análise da legislação, trata-se de um período da história da educação deste País em que os processos educativos formalizados eram considerados um privilégio destinado às camadas mais abastadas da sociedade, pois, conforme Ribeiro (1992), não constituíam um fator de desenvolvimento do País.

As marcas de qualidade da educação do Período Colonial foram assinaladas pela distinção e discriminação social, em que a própria noção de infância era permeada pelo poder aquisitivo dos sujeitos, não bastando somente o dinheiro, mas também as características de gênero e etnia para terem acesso à educação formalizada, conforme discutimos no capítulo I, a partir de Gouveia (2004). Nesse sentido, a educação elementar cumpria um papel seletivo, pois era fornecida na casa dos estudantes, sendo que a maioria da população não tinha condições de custeá-la.

Com o atrelamento ao poder aquisitivo das famílias, a educação formal do Período Colonial impossibilitava que os tempos na escola fossem acessados por todos os estudantes de maneira semelhante, de forma que mesmo os mais jovens poderiam acessar à escola desde que tivessem recebido uma educação de "qualidade" em suas casas. Ao mesmo tempo, aqueles que não mostrassem inclinação aos estudos eram destituídos do acesso a esse bem oferecido pela Companhia de Jesus, de acordo com o *Ratio Studiorum*/1599.

Apesar da publicação do Decreto 1331-A/1854 (BRASIL, 1854) estabelecer em seu artigo 64 a obrigatoriedade da educação pública de primeiro grau sob pena de multa, esta situação de acesso desigual permaneceu durante o Período Colonial. No próprio artigo mencionado vimos que a educação anunciada estava restrita aos que tivessem impedimentos físicos ou morais, além do que acrescentamos os escravos e a população rural, de maneira que não era uma educação acessível a todas e todos em idade escolar, ainda mais levando em consideração as discussões da primeira seção dos tempos de escola desse capítulo.

Com isso, a divisão dos 190 dias do ano em trimestres foi vivenciada por uma pequena população escolar, oxalá as 1080 horas de atividades escolares. De toda forma, observamos que a redução do número de dias letivos chama a atenção para dois aspectos: um se refere à desvinculação da escola e da igreja na legislação; outro se refere à obrigatoriedade de matrícula no Decreto 1331-A/1854 (BRASIL, 1854), o que demonstra a preocupação de que uma maior parcela da população da época acessasse o espaço escolar.

No que se refere ao primeiro aspecto, pelo que entendemos da leitura do Decreto 1.556/1855 (BRASIL, 1855), o afastamento da escola e da igreja demandou que estratégias fossem adotadas com vistas à garantia de frequência à escola que antes era garantida pelos clérigos. Assim, o limite de 45 faltas representou uma maneira de assegurar que o processo de descentralização iniciado pelo Ato Adicional da Constituição de 1834 pudesse assegurar a eficiência da educação com algum grau de igualdade de condições de acesso ao ensino nas diferentes escolas do País.

No que se refere ao segundo aspecto, a obrigatoriedade de matrícula condicionou o estudante à obrigatoriedade de frequência de maneira oficial/documental. Desse ponto de vista, a concepção liberal adotada durante o período faz com que os próprios tutores se tornem responsáveis pelo funcionamento da organização e, conforme destaca Thompson (1998): "uma vez dentro dos portões da escola, a criança entrava no novo universo do tempo disciplinado" (p. 293). Ou seja, a própria criança e a sociedade em geral passam a zelar pela manutenção do tempo escolar e da lógica liberal capitalista.

A orientação liberal também pode ser notada no Decreto 981/1890 (BRASIL, 1890), que coloca a educação livre, gratuita e leiga (artigo 2), ao mesmo tempo que isenta de qualquer fiscalização o ensino dado nos "lares". Disso depreendemos que a educação escolar não estava assentada na obrigatoriedade de frequência aos 215 dias anuais determinados no documento, mas na liberdade dos ensinos primário e secundário aos particulares, sob condições morais e higiênicas.

Nesse contexto, a aprovação em matérias dependeu da obrigatoriedade de frequência ao espaço escolar durante as 936 horas anuais e garantia da qualidade da educação. Ao mesmo tempo, pelo menos desde 1910, a frequência ao espaço escolar passou a abrigar outras funções sociais, por meio da construção de consultórios dentários e médicos, assim como laboratórios, para o atendimento da população escolar, sob a influência das propostas da Escola Nova (FARIA FILHO; VIDAL, 2000).

No mesmo compasso, ainda na Primeira República, o Decreto 11.530/1915 (BRASIL, 1915) estabeleceu novamente a obrigatoriedade de frequência à escola no Colégio Pedro II, no entanto no artigo 94 deixou a cargo dos sistemas de ensino a frequência e meios de torná-la efetiva. Dessa forma, os 215 dias letivos eram uma realidade para poucos, ainda mais quando se leva em consideração que a educação das famílias mais abastadas era fornecida pelas famílias para que os estudantes se formassem nos cursos de direito e se tornassem bacharéis, conforme

(ROMANELLI, 1986). Com isso, as 760 horas de vivência dos tempos na escola que eram um privilégio continuaram a ser para poucos, em especial aqueles que estudavam no Colégio Pedro II, entendido como um referencial de qualidade da educação da época.

O Decreto 16.782-A/1925 (BRASIL, 1925) procurou promover a difusão do ensino primário, em seu artigo 25, item c, que condicionou os estados à redução de seu número de escolas, supervisão da União e aplicação de 10% de sua renda para que os professores fossem pagos pela união. Ao mesmo tempo, previu a criação de escolas onde houvesse crianças na faixa dos 8 aos 11 anos de idade (artigo 26), com vistas ao atendimento das "mais urgentes necessidades da população, tendo em vista a estatística dos menores em idade escolar (8 a 11 annos de idade)".

A frequência das aulas, nesse contexto, foi obrigatória no Colégio Pedro II, mas nas outras escolas sua verificação se daria pelas escolas e redes de ensino, sob a supervisão da união. Apesar disso, no documento entramos uma divisão dos dias anuais nos 180 dias anuais divididos em dois semestres de 90 dias cada. Desse modo, percebemos que a racionalização das escolas nos estados encontrou paralelo no que se refere aos tempos escolares, no entanto o alcance dessa padronização diante da descentralização é um fato na historiografia da educação que coincidiu com a estruturação das redes de ensino estaduais, tais como Bahia, São Paulo, Minas Gerais, Mato Grosso e Paraná, por exemplo, que estavam adotando seus próprios sistemas de organização da educação.

Diante do exposto, percebemos que na organização temporal da educação no período da Primeira República houve uma variação decrescente de 35 dias letivos desde o Decreto 981 de 1890 até o Decreto 16.782-A/1925 (BRASIL, 1925). A essa variação relacionamos a necessidade de expansão do capitalismo industrial, entendendo, conforme Thompsom (1998), ressalvadas as diferenças contextuais, que a educação escolarizada, tal como a lógica dos tempos na escola tornaram-se uma necessidade condicionada pelas práticas produtivas da sociedade brasileira. Por isso, a difusão da educação escolar tornou-se uma necessidade para a expansão do próprio sistema, ao mesmo tempo que o retroalimentou no implante da lógica dos tempos industriais, por meio da racionalização do tempo na escola. Contudo, mesmo diante das necessidades de difusão da educação escolarizada e ampliação de 1 ano de estudos no ensino secundário, na Primeira República ainda se verificava uma educação excludente de forma que o alcance da lógica dos tempos escolares ainda tinha pouco alcance em grande parte da população em idade escolar, conforme demonstram os dados apresentados por Ribeiro (1992), e o número de escolas construídas ainda era insuficiente para atender a população em idade escolar (FARIA FILHO; VIDAL, 2000).

A desigualdade de acesso se verificou principalmente nas diferentes maneiras que se desenvolveram nos estados os diferentes sistemas de ensino, como pontuado por Faria Filho e Vidal (2000). Conforme os autores, as reformas feitas pelos escolanovistas nas décadas de 1920 e 1930 tenderam a ressignificar o espaço-temporalidade escolar, contudo, "até então, a educação nos vários estados brasileiros (e nas diversas províncias do Império) seguia diretrizes próprias constituídas pelos Departamentos de Instrução Pública para os níveis de ensino [..]" (FARIA FILHO; VIDAL, 2000, p. 28).

Na Era Vargas, mesmo com o processo de centralização da educação em curso, a diversidade de propostas de construção de espaços escolares ainda se manteve com influência de algumas das ideias dos escolanovistas na estruturação dos sistemas de ensino. Nesse contexto, estados como a Bahia, Rio de Janeiro e São Paulo procuravam estabelecer o ensino de tempo integral (de 9 horas diárias) em algumas escolas das redes, no entanto Faria Filho e Vidal (2000) pontuam que até a década de 1950 pouco foi alcançado na disponibilidade de ambientes educativos. De toda forma, os autores afirmam que nesse período esteve em voga o intento de democratizar a educação pública, mas esse processo de receber camadas cada vez mais distintas da sociedade reforçou a atenção para outras necessidades de educação que não poderiam se dar somente por meio de conhecimentos cognitivos.

Percebe-se uma preocupação de que os estudos se deem em intervalos delimitados objetivamente, o que pode ser observado no Decreto 19.890/1931 (BRASIL, 1931), conforme artigo 31, no qual se lê o seguinte: "O horário escolar será organizado pelo director antes da abertura dos cursos, fixada em 50 minutos a duração de cada aula, com intervallo obrigatorio de 10 minutos no minimo, entre uma e outra". Não obstante, no Decreto 19.890/1931 (BRASIL, 1931) ficou estabelecida a divisão de semestres, sendo eles divididos em 80 e 130 dias ao longo do ano letivo, cuja frequência fora estipulada em no mínimo 75%, das 600 horas anuais de práticas educativas.

Avançando na cronologia, o Decreto-Lei 4.244/1942 (BRASIL, 1942), Lei Orgânica do Ensino Secundário, manteve o exame de admissão para o ensino secundário, ao mesmo tempo que estabeleceu em nível nacional o quantitativo de 220 dias anuais, por meio da delimitação do período letivo e de férias escolares. Diante da quantidade de dias e horas semanais estabelecidas pelo artigo 39 do Decreto 4.244/1942 (BRASIL, 1942), as horas de estudo estavam estabelecidas em torno de 880 horas anuais, tal como no Decreto 8.347/1945 (BRASIL, 1945), que reformou alguns artigos de seu antecessor. Com isso, foi possível observar que houve um ligeiro aumento de dias letivos no ano passando de 210 do início da Era Vargas (segundo o Decreto 19.890/1931) para 220 dias divididos em dois semestres com 80 e 140 no Decreto 8.347/1945 (BRASIL, 1945). De tal feita, o maior tempo na escola passa a ser um fator em favor da qualidade da educação para uma maior parcela da população, mas mesmo como ensino secundário centralizado sob a fiscalização do Ministério da Educação e Saúde Pública, seu acesso ainda se dava mediante exames de admissão.

Já no ano de 1946, no início da República Liberal, foi publicada a Lei Orgânica do Ensino Primário, Decreto 8.529/1946, (BRASIL, 1946) que também pretendia organizar o ensino primário em separado do ensino secundário, sendo, portanto, tratado como um nível distinto. No Decreto 8.529/1946 (BRASIL, 1946) a educação escolar do ensino primário foi declarada obrigatória e gratuita (artigos 41 e 39) em todo território nacional, sendo ela prevista para se desenvolver em 240 dias letivos. Apesar de determinar o período de dias letivos, o artigo 15, estabeleceu que "a duração dos períodos letivos e dos de férias, será fixado segundo as conveniências regionais, indicadas pelo clima, e zonas rurais atendidos, quanto possível, os períodos de fainas agrícolas". Ou seja, apesar da determinação de um período de 20 dias de férias entre os períodos, o que pressupõe a divisão em semestres, não nos foi possível determinar sua divisão por quantidade de dias. Tampouco pudemos contabilizar as horas de estudos anuais, mesmo porque os princípios de uma escola que partiria dos interesses dos estudantes, tendo como fundamento didático as próprias atividades dos estudantes, ou seja, inspirada em alguns princípios escolanovistas (ver artigo 10), demandava uma educação de tempo integral.

Com a publicação da LDB 4.024/1961 (BRASIL, 1961) a separação entre o ensino primário e secundário, mesmo sendo tratada no mesmo documento, ainda manteve na separação entre graus, sob a exigência de exame de admissão para o prosseguimento nos estudos. Inspirada nos princípios de liberdade, a finalidade de desenvolvimento integral da personalidade humana encontra como empecilho o acesso de grandes parcelas da população em idade escolar que não acessam o ensino secundário. Nesse contexto, os 180 dias letivos, sem divisão definida de semestres, e as 860 horas de estudos anuais permanecem sendo um privilégio para aqueles que conseguem dar continuidade aos estudos.

Quanto à LDB 5.692/1971 (BRASIL, 1971), o que se observou foi uma maior preocupação com a divisão racional dos semestres, tal como no Decreto 16.782/1925 (90 e 90) (BRASIL, 1925). Permanecendo os 180 dias letivos da LDB 4.024/1961 (BRASIL, 1961), houve uma redução na quantidade de horas anuais, sendo estabelecido um quantitativo de 720 horas de estudos, bem próximo do que se observou no início da Era Vargas. Além disso, o ensino continuou a ser dividido em graus distintos, porém o critério para avanço de grau passa a ser o certificado de conclusão do ensino primário. Desse ponto de vista, podemos considerar que o ensino primário e o secundário passaram a ser considerados como um só nível de ensino.

Isso se consolidou com a publicação da LDB 9.394/1996 (BRASIL, 1996), quando integrou o ensino infantil, o fundamental e médio no nível da educação básica e permitiu por meio do parágrafo 2 do artigo 32 o regime de progressão continuada. Tendo delegado aos sistemas de ensino a organização dos 200 dias letivos, como já fora aplicado nas Constituições da Companhia de Jesus, *Ratio Studiorum,* Decreto 981/1890 (BRASIL, 1890), Decreto 11530/1915 (BRASIL, 1915), Decreto-Lei 8529/1946 (BRASIL, 1946) e LDB 4624/1961 (BRASIL, 1961), a LDB 9.394/1996 (BRASIL, 1996) definiu a quantidade de 800 horas mínimas anuais para o desenvolvimento das atividades escolares. Ou seja, em relação a LDB anterior, foram acrescentados 20 dias e 80 horas de estudos para a educação básica. Todavia, diante da universalização da educação básica, a progressão nos estudos entre o ensino fundamental e médio se mostrou como um problema a ser resolvido em grande parte do País, sendo o aumento quantitativo questionado por Gadotti (2013) quanto à qualidade da educação suportada nele, por exemplo. Apesar da advertência de Gadotti, no artigo 24, parágrafo 1, da Lei 13.415/2017 (BRASIL, 2017) encontramos a intenção de que a carga horária mínima anual atingisse 1000 horas anuais até o ano de 2022 nos mesmos 200 dias anuais.

À vista disso, percebemos que houve grandes alterações quantitativas nos dias estabelecidos para a educação formal no Brasil, sendo observado um intervalo de 120 dias de diferença entre o maior tempo aproximado de 300 dias obtido a partir da leitura das Constituições da Companhia de Jesus (1550) e o mínimo de 180 dias estabelecido no Decreto 16.782-A/1925 (BRASIL, 1925) e nas duas primeiras LDB (BRASIL, 1961; 1971). Essa variação pode ser observada no Gráfico 02, a seguir:

Gráfico 02: variação da quantidade de dias letivos mínimos anuais.

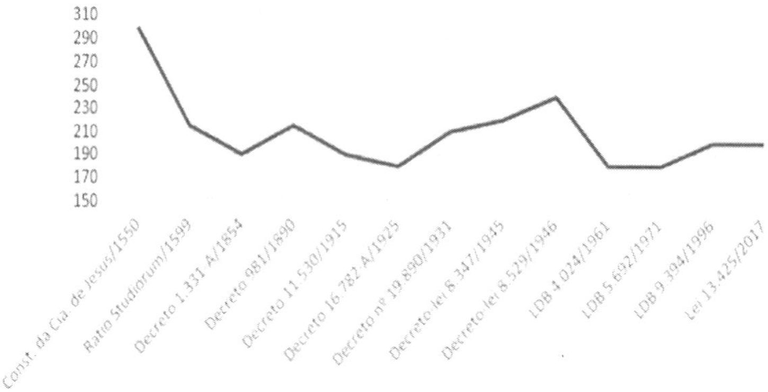

Fonte: organização própria.

Cabe destacar que essa variação no quantitativo de dias contemplou diferentes segmentos de ensino, sendo que somente no *Ratio Studiorum*/1599 e nos Decreto 1.331-A/1854 (BRASIL, 1854) e no Decreto 1.556/1855 (BRASIL, 1855), Decreto-lei 8.529/1946 (BRASIL, 1946) os dias mínimos não foram replicados de maneira geral para os diferentes níveis de ensino.

De toda forma, essa variação demonstra que o quantitativo de dias anuais foi um objeto de disputas ao longo da história da educação brasileira como um fator da qualidade que se pretendia alcançar, o qual foi ajustado de acordo com os princípios assumidos na legislação, tal como das concepções de educação e suas finalidades anunciadas ou subentendidas. Nossa análise demonstrou que os tempos na escola não são objetos estanques, sem vínculos com as políticas educacionais. Sua variação denota sua importância como atributo da qualidade da educação, como podemos observar no Quadro 15, a seguir:

Quadro 15: síntese do quantitativo dos dias mínimos anuais de acordo com os documentos analisados.

Dispositivos regulatórios	Dias letivos anuais
Constituições da Companhia de Jesus/1550	300
Ratio Studiorum/1599	215
Decreto 1.331-A/1854	190
Decreto 981/1890	215
Decreto 11.530/1915	190
Decreto 16.782-A/1925	180
Decreto 19.890/1931	210
Decreto-lei 8.347/1945	220
Decreto-lei 8.529/1946	240
LDB 4.024/1961	180
LDB 5.692/1971	180
LDB 9.394/1996	200
Lei 13.425/2017	200

Fonte: organização própria.

O mesmo se aplica a quantidade de horas anuais, que parece influenciar de maneira mais direta a quantidade de dias letivos no ano. Esse fator não foi considerado na totalidade dos documentos analisados, mas ora foi objetivado em números absolutos, ora dando elementos para sua configuração pelos sistemas de ensino, como podemos ver no Quadro 16, a seguir:

Quadro 16: síntese do quantitativo de horas de estudos anuais de acordo com os documentos analisados.

Legislação	Quantidade de horas
Constituições da Companhia de Jesus/1550	1100
Ratio Studiorum/1599	1075
Decreto 1.331-A/1854	1080
Decreto 1.556/1855	760
Decreto 981/1890	936
Decreto 11.530/1915	760
Decreto 19.890/1931	700
Decreto-lei 8.347/1945	880
Lei 4.024/1961	860
Lei 5.692/1971	720
Lei 9.394/1996	800

Fonte: organização própria.

Mais uma vez, observamos que a quantidade de horas de estudo também é um objeto de negociação, o qual apresentou ser variável ao longo da história da educação brasileira. Observamos um intervalo de 400 horas anuais entre o que se previa nas Constituições da Companhia de Jesus e o que se viu no Decreto 19.890/1931 (BRASIL, 1931). Paralelamente, observamos que nos regimes ditatoriais da Era Vargas e na Ditadura Militar houve uma redução da quantidade de horas anuais, a qual atribuímos à necessidade de criação de vagas escolares, fator relacionado à qualidade da educação almejada. Podemos visualizar melhor essa variação no Gráfico 03, a seguir:

Gráfico 03: variação da carga horária anual.

Fonte: organização própria.

Com a universalização do ensino garantida já no início do século XXI, o problema de continuidade dos estudos no ensino médio deixou evidente a quantidade de horas de estudo como um atributo da qualidade da educação. Nesse contexto, a publicação da Lei 13.415/2017 (BRASIL, 2017) evidenciou que os tempos escolares, em especial no que se refere às horas de estudo, são tomados em termos de quantidade na legislação. Nesse sentido, a ampliação do número de 800 para 1000 horas, até chegar a 1400, foi apresentada como a fórmula para resolver o problema da continuidade. Contundo, pelo que observamos, a maior quantidade de horas de estudos não é garantia de uma educação de qualidade, mais que isso, não é garantia de que todos possam vivenciar esses tempos pedagógicos.

Embora a progressão continuada em ciclos que é permitida pela LDB 9.394/1996 (BRASIL, 1996) seja aplicada por algumas redes de ensino, como a de São Paulo, por exemplo, atenuando a distorção idade-série, muito se tem que avançar para que a permanência do estudante nos processos de ensino do ensino médio seja garantida.

No que se refere aos semestres ou trimestres letivos, mesmo não tendo sido mencionada em cinco dos documentos (*Ratio Studiorum*/1599, Decreto 1.331-A/1854, Decreto 981/1890, Decreto 11.530/1915, LDB 4.024/1961), a divisão de determinados quantitativos de dias ao longo do ano parece ser outro fator que pode influenciar o calendário escolar anual. O que se salta à vista nessa questão, em especial, é o atendimento dado às peculiaridades geográficas, climáticas, culturais e econômicas declaradas como importantes na divisão dos semestres letivos na LDB 9.394/1996 (BRASIL, 1996) e no Decreto 8.528/1946 (BRASIL, 1946) para todos os segmentos de ensino.

Em outros momentos da evolução documental aqui tratada, percebe-se que essa distribuição tem influência de outros fatores, sendo preponderante, por exemplo, o delineamento a partir do que poderia ser considerado o meio do ano (meses de junho e julho) como fator distributivo. Em relação à adoção de férias no meio do ano, de acordo com a leitura dos documentos, o mês de julho foi adotado no Decreto 16.782-A/1825 (BRASIL, 1925) e o mês de junho em dois momentos, nos Decretos-lei 19.890/1931 (BRASIL, 1931) e 8.347/1945 (BRASIL, 1945). Ademais, essa divisão racional incide mais fortemente quando os períodos semestrais são bem próximos em quantidade de dias no primeiro e no segundo semestre, o que encontramos no Decreto 16.782-A/1825 (BRASIL, 1925) e na LDB 5.692/1971 (BRASIL, 1971), com a rígida distribuição de 90 dias para cada período.

Pelo que percebemos até este ponto, a qualidade da educação esteve associada ao quantitativo, e quando a quantidade foi estabelecida, os termos qualitativos passaram a ter maior relevância. Disso depreende-se a confirmação dos pressupostos de Demo (2007), de que a qualidade se estabelece sobre uma base quantitativa, sem a qual não é possível. Ao mesmo tempo, em relação dialética, a quantidade de tempos escolares não estabelece necessariamente uma educação de qualidade.

Algumas variáveis muito importantes são as outras funções sociais assumidas pela escola, que estão relacionadas aos princípios anunciados na legislação, seja para contemplar os propósitos higienistas, nacionalistas ou neoliberais. À medida que se percebeu a necessidade e falta de espaços escolares, foi diminuída a quantidade de horas de estudos para que fosse acolhida a maior quantidade possível de estudantes. O mesmo acontece ao contrário, quando se têm escolas suficientes e a educação universalizada, é aumentada a quantidade de horas de estudo.

Tempos da escola: é momento de ressignificar?

Ao longo deste livro, os tempos escolares foram assumidos como construções sócio-históricas e culturais que se deram em virtude de concepções, princípios e finalidade educativos postos à educação pública por meio da legislação educacional. De tal feita, as configurações que os tempos escolares assumiram ao longo da história da educação brasileira não foram automáticas, mas passíveis de jogos de interesses políticos que viam ora a educação como um privilégio, ora como uma necessidade para o avanço social, outrora ainda como um fator de desenvolvimento humano. Dessas transformações ressalta-se que muitas heranças do passado ainda contribuem com os modos de organização dos tempos escolares no ano de 2021, de forma que nos advertem para os perigos e possibilidades de determinadas estruturas dos tempos escolares.

De acordo com nossa construção, as mudanças dos tempos escolares expressaram uma concepção de qualidade da educação, muitas vezes anunciadas como necessidade de melhoria, tal como Rui Barbosa no fim do Segundo Reinado. Quanto a isso, percebemos que atualmente tem emergido uma nova categoria de tempos escolares, os tempos da escola, a qual assinalamos que está respaldada nos pressupostos de qualidade da educação hegemônica que se imprime no final da segunda década do século XX. Essa categoria está relacionada ao princípio de "garantia de padrão de qualidade" anunciado na LDB 9.394/1996 (BRASIL, 1996), mas suas origens remontam o início da educação deste País, como tentamos evidenciar ao longo do texto.

Cabe lembrar que da época dos jesuítas até a Primeira República a instrução elementar e até mesmo o ensino secundário podiam ser feitos nas casas dos estudantes, de modo que se configuravam como tempos de estudos e, por isso, era considerada um privilégio acessível a uma pequena parcela das crianças em idade escolar como consideramos atualmente. Diferentemente do início da educação nacional em que as condições materiais da educação e as finalidades a ela destinadas eram diversas, atualmente esses tempos de estudo têm sido motivo de reflexão constante no campo das políticas educacionais que veem os recorrentes fracassos dos estudantes do ensino médio, no que se refere às altas taxas de evasão e abandono, de acordo com dados do IBGE (BRASIL, 2019). Em virtude disso, novas formas de promover o ensino foram adotadas, tendo no uso das TDIC seu amparo, tal como tem acontecido nas modalidades EaD, ou Educação à Distância, principalmente no ensino superior.

No ano de 2020 uma pandemia atingiu o Brasil e impeliu as pessoas a adaptarem ou adotarem novas práticas sociais, de forma a manterem o distanciamento social para evitar a propagação do vírus SARS-CoV-2. Nesse contexto, a educação escolar interrompeu as aulas presenciais, adotando como alternativa o ensino remoto. Diante da impossibilidade de que fossem cumpridos os 200 dias de atividades presenciais, o CNE precisou se posicionar quanto à obrigatoriedade ou não do cumprimento dos 200 dias, estabelecidos no artigo 24, inciso I (ensino fundamental e médio) e artigo 31 (educação infantil) da LDB 9.394/1996 (BRASIL, 1996).

O Parecer CNE/CP 5/2020 levou em consideração que o calendário escolar "é um meio de organizar a distribuição da carga horária prevista na legislação para cada nível, etapa e modalidade da educação nacional ao longo do ano escolar". Além disso, cada sistema de ensino mantém autonomia para organizá-lo conforme as características contextuais e necessidades locais, como estabeleceu a LDB 9.394/1996 (BRASIL, 1996). Diante disso, as preocupações anunciadas no Parecer CNE/CP 5/2020 (BRASIL, 2020) e assumidas como forma de desafios decorreram em questionamentos como esses dois, seguintes, selecionados por nós:

> [..] como garantir padrões básicos de qualidade para evitar o crescimento da desigualdade educacional no Brasil? Como garantir padrões de qualidade essenciais a todos os estudantes submetidos a regimes especiais de ensino que compreendam atividades não presenciais mediadas ou não por tecnologias digitais de informação e comunicação? (BRASIL, 2020).

Quer dizer, em virtude da pandemia, a organização dos tempos escolares, no que se refere ao do calendário anual, por exemplo, poderia incidir sobre o remanejamento dos dias, sendo utilizados os sábados e feriados para reposição de aulas, porém, o longo período sem aulas presenciais impossibilitaria o cumprimento dos 200 dias mínimos estabelecidos. De acordo com o Parecer CNE/CP 5/2020 (BRASIL, 2020), isso implicaria em prejuízos à aprendizagem dos estudantes, ou seja, o longo tempo sem a prática dos estudos implicaria em retrocessos no processo de ensino e aprendizagem. Isso nos evidencia o fato de que o órgão deliberativo máximo da educação brasileira reconhece a influência da questão temporal na qualidade do ensino quando esse tempo escolar está vinculado a um espaço escolar.

Por outro lado, no documento reconhece-se a possibilidade de que o tempo em que se desenvolvem os processos educativos não estariam necessariamente vinculados a um espaço, mais especificamente o espaço escolar, podendo as atividades escolares serem desenvolvidas com o uso de ferramentas digitais. Isso se explicita no seguinte excerto:

> [..] a fim de garantir atendimento escolar essencial, propõe-se, excepcionalmente, a adoção de atividades pedagógicas não presenciais a serem desenvolvidas com os estudantes enquanto persistirem restrições sanitárias para presença completa dos estudantes nos ambientes escolares. Estas atividades podem ser mediadas ou não por tecnologias digitais de informação e comunicação, principalmente quando o uso destas tecnologias não for possível. (BRASIL, 2020, p. 8).

Dessa forma, a situação pandêmica evidenciou um processo gradual de desvinculação dos tempos utilizados com fins pedagógicos para outros espaços que não o ambiente institucional escolar. Em se tratando do uso das TDIC, a escola cedeu lugar para outros ambientes educativos, em especial as casas dos estudantes.

Em nossa compreensão, a crise educacional oriunda da pandemia de 2020 não se tratou de um movimento revolucionário, tampouco reacionário, embora houvesse pressões para que isso acontecesse[5]; mas de uma situação emergencial que abalou uma cultura escolar que veio se consolidando ao longo de séculos no que se refere ao uso dos tempos escolares. Conquanto seja uma situação atípica, trata-se de reconhecer que mais uma mudança dos tempos escolares já estava em curso antes da pandemia, a qual, por sua vez, se desenvolveu não sem contradições e conflitos.

5 Faz-se referência as propostas de ensino domiciliar discutidas em âmbito federal.

Conforme Cunha, Silva e Silva (2020), uma das contradições na utilização dos tempos escolares nas atividades não presenciais indicadas pelo CNE esteve centrada sobre o uso das TDIC, mais especificamente na sua impossibilidade de utilização devido à situação de desigualdade da sociedade brasileira. Com indicação para a utilização das TDIC para o ensino remoto, reforçou-se uma situação de exclusão digital de 29% do total de famílias brasileiras que não possuem acesso à internet, de acordo com os dados apontados pelos autores. Soma-se a isso o fato de que estudantes de famílias pouco abastadas tiveram que disputar um aparelho celular com irmãos e familiares, o que o Parecer CNE/CP 2020 (BRASIL, 2020) relacionou a desigualdade estrutural da sociedade brasileira. Nesse sentido, a continuidade da educação pública centrada nos conteúdos como a que foi desenvolvida no ano de 2020, parece revigorar a educação excludente que se praticou no início da educação brasileira. Segundo Cury (2000):

> Isso indica que, junto com a assinalação das desigualdades acima apontadas, haverá perdas e danos para os estudantes, em maior ou menor grau, segundo a estratificação social e acesso às tecnologias digitais da informação e da comunicação. (CURY, 2020, p. 11)

Quer dizer, novamente na história da educação o poder aquisitivo significou o acesso à manutenção da educação de "qualidade" anunciada na legislação da educação. Com isso, reavivou-se a lógica dos tempos de estudo, sem que houvesse uma ressignificação dos tempos escolares, mesmo porque os próprios educadores foram impelidos a aceitar uma situação inusitada para a qual não estavam preparados, de acordo com Cunha et al. (2020). Cury (2020), por sua vez, destacou que essa situação de despreparo dos docentes frente ao uso das tecnologias tornou evidente a necessidade de capacitação para que se desse o valor adequado ao uso das TDIC. Consoante com os autores, acrescentamos que o avanço dos tempos de estudo em direção aos tempos da escola exige uma participação ativa e crítica dos docentes, discentes e outros agentes escolares. Por se tratar de uma construção sócio-histórica e cultural, mesmo a situação insólita gerada pela pandemia tende a passar por um processo de ressignificação.

Isso coaduna nossa construção de que os tempos escolares não podem ser entendidos como algo acabado, pois estão em diálogo constante com múltiplas determinantes, e se transforma em virtude das motivações sociais, culturais e históricas, por que não epidemiológica. Por isso, esses novos tempos adotados na educação formal apresentam a possibilidade de superação da lógica rígida dos tempos escolares em direção à assunção de tempos pedagógicos, ou seja, que estão vinculados diretamente à educação formal, mas não se restringem ao espaço escolar. No entanto, concordamos com Cunha et al. (2020), quanto aos imperativos de formação e apropriação adequada dos docentes para que haja de fato uma ressignificação dos tempos escolares em detrimento do que se verificou no ensino remoto emergencial implementado no Brasil durante a pandemia.

Precisamos recordar que no início da educação deste País os tempos de estudo serviram como fator de distinção social, que reforçou processos de desigualdade econômica e discriminação social de forma que devemos lutar para que isso não retorne como política educacional (tampouco emergencial) excludente como a verificada no ano de 2020. Todavia, não podemos ser negacionistas quanto ao fato de que a sociedade se transformou e que as relações sociais seguiram o mesmo caminho, de maneira que esses tempos de estudo podem ser pensados em termos de tempos da escola. Ou seja, queremos advertir para o fato de que o uso dos tempos de estudos pode, e acreditamos que vai ser se não houver uma crítica a respeito deles, se tornar mais um fator que aja contra o acesso da população mais carente ao espaço escolar.

Assim, acreditamos que uma melhor utilização dos tempos escolares deve ser motivo de discussão entre as comunidades escolares e incorporar os propósitos assumidos por cada unidade escolar em alinhamento com os anseios dos estudantes e famílias. Ou seja, os tempos escolares podem ser motivo de reflexão das comunidades escolares levando-se em consideração as condições materiais em cada contexto, pois novas formas de utilização dos tempos escolares, em especial dos tempos da escola, podem fazer avançar os conhecimentos sobre o relacionamento entre o tempo e o espaço escolar, ampliando as possibilidades de se atingir a qualidade da educação socialmente referendada pela qual nos posicionamos a favor.

Considerações Finais, ou o que, afinal, aprendemos com essa Incursão pela História?

> Particularmente, tenho vivido seus ritos imutáveis desde os anos pré- escolares, cumpridos nos últimos anos da década de 1980, conhecendo o silêncio e a imobilidade nos anos 1990, junto com todos os seus conteúdos estranhos ao longo das aulas de história, geografia, ciências, português, matemática... cada uma com seus poucos minutos de duração, com professores, adultos, diferentes, estranhos, entrando e saindo da sala de aula, trazendo algum tipo de informação que não se relacionava em nada com a prévia, exigindo a realização de exercícios que foram "aprendidos" na aula anterior que teria sido no dia anterior ou há três dias – quem se lembrava? (FORTUNATO, 2016, p. 92)

O estudo da legislação educacional brasileira se revelou uma importante fonte de reflexões para o entendimento de processos sedimentados em nossa história educacional e foi imprescindível para responder a nossa problemática de entender por que os tempos escolares variaram ao longo da história da educação brasileira? Oxalá encontrássemos respostas simples para entender nosso objeto de estudos, todavia percebemos que os tempos escolares são uma categoria de tempos sociais, conforme definiu Elias (1998).

Por isso, ante a percepção de que os tempos escolares se revelaram como uma concepção que associa os tempos sociais a um espaço institucional chamado escola, a qual determina uma cultura própria de apropriação do tempo, desvelaram-se contradições imanentes da própria instituição escolar. Em se tratando dos tempos escolares, o vínculo espaço-temporal inseriu uma relação condicionante e condicionado de processos sociais educacionais mais gerais de nossa sociedade, de maneira que jogos de força política, de imperativos sociais, situações emergenciais e mesmo desejos individuais resultaram em concepções, princípios e finalidades postos a educação por meio da legislação.

Tal como advertira Miguel (2013), relações complexas entre os processos sociais e a legislação educacional fizeram emergir meandros pouco explorados na literatura sobre o assunto, de forma que questionamentos simples como o porquê de termos atualmente a quantidade de 200 dias letivos ao longo do ano na Lei 9.394/1996, a qual deu início ao nosso processo investigativo, fizeram emergir contradições decorrentes em relação aos tempos escolares. A consciência de que os tempos escolares manifestam contradições próprias dos processos educativos nos levou a assumir como objetivo principal compreender as motivações das transformações dos tempos escolares e sua relação com a qualidade da educação ao longo da história da educação brasileira.

Diante dessa compreensão, ao longo desse livro pudemos perceber que os tempos escolares são construções sócio-histórico culturais (ELIAS, 1998; VIDAL, 2000; FERREIRA; ARCO-VERDE, 2001; GOUVEIA, 2004; FILHO; MIRANDA, 2005; PARENTE, 2010; 2006; FILHO; BERTOLUCCI, 2009; TEIXEIRA; LEAL, 2009; PESSANHA; SILVA, 2014) e por isso se transformaram ao longo da história da educação nacional em virtude de concepções, princípios e finalidades que foram objetivados na legislação da educação. Por serem construídos historicamente, as configurações que os tempos escolares assumiram na legislação demonstraram a visão hegemônica do que se esperava imprimir em cada período da história da educação deste País.

Outrossim, coube analisar as diferentes construções de tempos escolares para compreender qual sua relação com a qualidade presente no campo educacional. Em busca de atender esse objetivo específico, percebemos que a preocupação com a qualidade da educação surgiu no Brasil somente em meados do século XX (SOARES, 2016), mas também que alguns dos atributos qualitativos relacionados aos tempos escolares puderam ser observados em momentos anteriores na história da educação nacional. Essa percepção foi possível ao adotarmos como referência os atributos de qualidade da educação socialmente referendada elaborada por Dourado e Oliveira (2009), os quais apresentam a relevância dos diferentes níveis, ciclos e etapas do processo de aprendizagem, assim como a ampliação ou integração da jornada escolar com vistas a garantia de tempos apropriados às atividades educativas.

Então, com base na assunção de que os tempos escolares são atributos da qualidade da educação, procuramos compreender como as mudanças na legislação repercutiram nas transformações deles. Assumimos, pois, que os fatores contemplados nas categorias propostas por Parente (2010; 2006) são heranças da construção dos atributos da qualidade da educação socialmente referendada concebida atualmente.

Por se tratar de algo que dá suporte aos processos educativos, os tempos escolares são tratados com naturalidade, como se fossem algo estanque, mas o estudo de suas transformações revelou que se trata da expressão de jogos de interesse. Por isso, mesmo as categorias elaboradas para sua análise são condições situadas historicamente a partir do olhar de um pesquisador do ano de 2021. Diante desse olhar contextualizado, revelaram-se outras contradições imanentes, mesmo com a adoção de categorias de análise já exploradas anteriormente no que se refere ao estudo dos tempos escolares, tal como percebemos ao utilizar as categorias propostas por Parente (2010; 2006).

Nesse sentido, com vistas a entender qual repercussão das mudanças na legislação educacional teve para a construção dos tempos escolares atualmente, tomando as categorias de tempo de escola, tempo de escolarização e tempo na escola como orientação em nossas análises pudemos perceber a emergência de uma nova categoria, a dos tempos da escola que propomos neste texto. Essa categoria está amparada nos pressupostos da qualidade hegemônica da educação e seu reconhecimento pode evidenciar os riscos em sua utilização, mas também novas possibilidades de desenvolvimentos dos processos educativos. Acreditamos, portanto, que o estudo dessa categoria e sua relação com a qualidade social da educação merecem ser aprofundadas, principalmente em se tratando das relações com as práticas educativas e de formação de professor, temas que não abordamos diretamente nesse texto.

Com o reconhecimento dos tempos da escola enquanto uma categoria se evidencia, além dos problemas implícitos, algumas possibilidades de subversão da lógica dos tempos escolares. Ou seja, ao tratar os tempos da escola enquanto possibilidades de adesão dos processos educativos ao contexto social, reconhecemos que as práticas de educação formal já não podem estar mais restritas ao ambiente escolar, pois esse ambiente, por si só, tem servido a outros propósitos que não os educativos, que muitas vezes estão afastando os estudantes de outros bens culturais que lhes são inacessíveis.

Trata-se de pensar a escola não mais como um espaço único de aprendizagem, mas uma escola que esteja inserida em uma sociedade em que as práticas sociais deveras acontecem. Nessa perspectiva, a lógica dos tempos de escolarização historicamente segmentada, os tempos na escola restritivos cedem lugar a práticas educativas contextualizadas nas práticas sociais. Assim, tal como já foi anotado anteriormente (FORTUNATO, 2017), partindo dos ideais de Paul Goodman (1964), lugares da cidade como ruas, lojas, cinemas, museus, parques e indústrias, órgãos públicos, bancas de jornais, sites educativos, ambientes virtuais colaborativos abrem a possibilidade de que alguns adultos da comunidade atuem como educadores, tais como o mecânico, o farmacêutico, o dono da mercearia e possam dar suporte para o desenvolvimento dos tempos da escola, sem que sejam delimitados, muitas vezes, pelos sinais sonoros, pelos horários estanques de trocas de aulas, pelo fim abrupto dos semestres e ano letivo etc.

Talvez com essa nova maneira de almejar os processos escolares não nos deparemos mais com relatos desalentadores como o da epígrafe desta seção. De tal forma, ao passo que devemos atentar para os riscos do processo de desenvolvimento dos tempos da escola, devemos também assumir suas possibilidades enquanto força motriz para a adequação da educação formal aos novos contextos em que estamos inseridos.

Contando novamente com a contribuição de Fortunato (2016), trata-se de enxergar um viés arcaico que se mantém na escola atual, o qual impede a proeminência da necessidade renovadora da escola para que se volte de fato para a formação da cidadania e o aprendizado que respeita o tempo individual dos estudantes, voltados para a "efetiva inserção de todos na sociedade" (p. 87). Não se trata, pois, de abolir o espaço escolar, mesmo porque sabemos que nele são cumpridas outras funções sociais de extrema importância para o desenvolvimento dos estudantes, seja higiene, saúde, alimentação, socialização, respeito ao próximo, prevenção às drogas, violência e gravidez na adolescência etc., tal como ponderou Libâneo (2012); mas de ressignificá-lo para que esteja atrelado às práticas sociais mais gerais e amplie a possibilidade de contribuir com a qualidade social da educação delineada por Dourado e Oliveira (2009).

Diante disso, ressalta-se a importância do espaço escolar para a sociedade brasileira no que se refere à qualidade social da educação, mas emerge também o fato de que os tempos escolares parecem ceder lugar nos processos educativos para diversas demandas sociais não relacionadas diretamente aos conteúdos cognitivos. Como ponderaram Fortunato e Porto (2020), em especial na manifestação de mecanismo de controle de conflitos sociais, promoção de processo de homogeneização cultural, em virtude do espírito capitalista. Assim como suas consequências burocratizadoras da vida social, por meio do implante ideológico desenvolvimentista, de mobilidade ascensional, tecnificação geral da existência, instaurados pela excessiva racionalização presente nas relações entre indivíduos e grupos sociais. Por isso, cabe refletir sobre o dimensionamento dos tempos escolares imprescindíveis para o atendimento de outras funções sociais não relacionadas diretamente ao desenvolvimento de conteúdos para reconhecer de que forma os tempos escolares podem ser mais bem aproveitados.

Uma resposta pronta para qual seria a quantidade adequada do tempo de permanência dos estudantes dentro do espaço escolar seria um equívoco de nossa parte. Se isso fizéssemos estaríamos indo contra a concepção de qualidade social da educação à qual nos alinhamos ao longo desse livro. Nossa intenção não é definir o arranjo mais adequado dos tempos escolares em termos de sistema de educação. Trata-se de reconhecer, sobretudo o caráter polissêmico e plural da qualidade social da educação e seu necessário atrelamento aos diversos contextos em que a educação pública é desenvolvida em nosso País. Por isso, o dimensionamento dos tempos escolares, mais que uma condição imposta, pode ser motivo de reflexão pelas próprias escolas as quais devem ter maior autonomia em seus arranjos com vistas ao alcance da qualidade socialmente referendada da educação.

Referências

ASSMANN, H. **Reencantar a educação: rumo à sociedade aprendente**. 2. ed. Petrópolis: Vozes, 1998.

BERGO, L. F. **Políticas de Bonificação Salarial: desdobramentos para o desenvolvimento profissional e o trabalho docente**. 2016. Dissertação (mestrado em Educação) – Universidade Federal de São Carlos. São Carlos/SP, 2016. Disponível em: https://repositorio.ufscar.br/bitstream/handle/ufscar/8681/DissLFB.pdf?sequence=1&isAllowed=y. Acesso em: 19 nov. 2020.

BONAMINO, A.; SOUZA, S. Z. Três gerações de avaliação da educação básica no Brasil: interfaces com o currículo da/na escola. **Educação e Pesquisa**. São Paulo, v. 38, n. 2, 2012. Disponível em: https://www.scielo.br/pdf/ep/v38n2/aopep633. Acesso em: 19 nov. 2020.

BOYNARD, A. P.; GARCIA, E. C.; ROBERT, M. I. **Reforma do Ensino**. 2 ed. São Paulo: Lisa, 1972.

CARVALHO, M. P. de. As professoras e o pagamento de bônus por resultado: o caso da rede estadual de São Paulo. **Educar em Revista**, Curitiba, v. 34, n. 72, 2018. Disponível em: https://www.scielo.br/pdf/er/v34n72/0104-4060-er-34-72-187.pdf. Acesso em: 19 nov. 2020.

CASASSUS, J. **Descentralización de la Gestión a las Esculelas u Calidad de la Educaciona: ¿mitos o realidades?** In: COSTA, V. L. C. (org.). Descentralização da Educação: novas formas de coordenação e financiamento. São Paulo: Cortez, 1999.

CASTRO, M. H. G. A consolidação da Política de Avaliação da Educação Básica no Brasil. **Meta: avaliação**, Rio de Janeiro, v. 1, n. 3, 2009. Disponível em: https://revistas.cesgranrio.org.br/index.php/metaavaliacao/article/view/51/30. Acesso em: 19 nov. 2020.

CUNHA, L. F. F.; SILVA, A. S.; SILVA, A. P. O ensino remoto no Brasil em tempos de pandemia: diálogos acerca da qualidade e do direito e acesso à educação. **Com Censo #22**, Brasília, v. 7, n. 3, 2020. Disponível em:

https://repositorio.unb.br/bitstream/10482/40014/1/ARTIGO_EnsinoRemotoBrasil.pdf. Acesso em: 10 jan. 2021.

CURY, C. R. J. Educação Escolar e Pandemia. **Pedagogia em Ação**, Belo Horizonte, v. 13, n. 1, 2020. Disponível em: http://periodicos.pucminas.br/index.php/pedagogiacao/article/view/23749. Acesso em: 10 jan. 2021.

DAVOK, D. F. **Qualidade em educação**. Avaliação, Campinas; Sorocaba, SP,

v. 12, n. 3, 2007. Disponível em: https://www.scielo.br/pdf/aval/v12n3/a07v12n3.pdf. Acesso em: 19 nov. 2020.

DEMO, P. **Educação e qualidade**. 11. ed. Campinas: Papirus, 2007.

DORIA, E. **Memória histórica do Colégio de Pedro Segundo**. Brasília: Instituto Nacional de Estudos e Pesquisas Educacionais, 1997.

DOURADO, L.F.; OLIVEIRA, J.F.; SANTOS, C.A. **A qualidade da educação: conceitos e definições**. Brasilia: INEP, 2007.

DOURADO, L. F.; OLIVEIRA, J. F. Qualidade da Educação: perspectivas e desafios. **Cad. Cedes**, Campinas, v. 29, n. 78, 2009. Disponível em: https://www.scielo.br/pdf/ccedes/v29n78/v29n78a04.pdf. Aceso em: 19 nov. 2020.

DUARTE, L. F. **O papel do BIRD e BID nas reformas educacionais no Brasil e no Paraguai na década de 1990**. 2016. Tese (Doutorado em Educação) - Universidade Estadual do Oeste do Paraná, Cascavel, 2016. Disponível em: https://bityli.com/qLdKT . Acesso em: 19 nov. 2020.

ELIAS, N. **Sobre o Tempo**. Rio de Janeiro: Jorge Zahar, 1998.

FILHO, L. M. F.; BERTUCCI, L. M. Experiência e Cultura: contribuições de E. P. Thompson para uma história social da escolarização. **Currículo sem Fronteiras**, [s.l.], v. 9, n.1, p.10-24, 2009. Disponível em: https://biblat.unam.mx/hevila/CurriculosemFronteiras/2009/vol9/no1/2.pdf. Acesso em: 19 nov. 2020.

FILHO, L. M. F.; VIDAL, D. G. Os tempos e os espaços escolares no processo de institucionalização da escola primária no Brasil. **Revista Brasileira de Educação**, Rio de Janeiro, n. 14, 2000. Disponível em: https://www.scielo.br/pdf/rbedu/n14/n14a03.pdf. Acesso em: 19 nov. 2020.

FERREIRA, V. M. R.; ARCO-VERDE, Y. F. S. Chrónos & Kairós: o tempo nos tempos da escola. **Educar**, Curitiba, n. 17, 2001. Disponível em: https://www.scielo.br/pdf/er/n17/n17a06.pdf. Acesso em: 19 nov. 2020.

FORTUNATO, I.; PORTO, M. R. S. O método natural e o pensamento complexo: uma relação possível para a educação escolar. **Educ. Pesqui.**, São Paulo, v. 46, 2020. Disponível em: https://www.scielo.br/pdf/ep/v46/1517-9702-ep-46-e219428.pdf.Acesso em: 10 mai. 2021.

FORTUNATO, I. Cientificamente Comprovado (?): reflexões sobre conhecimento científico. **Holos**, Natal, n. 33, v. 02, 2017. Disponível em: http://www2.ifrn.edu.br/ojs/index.php/HOLOS/article/view/4354/pdf. Acesso em: 10 mai. 2021.

FORTUNATO, I. A deseducação obrigatória, por Paulo Goodman. **Sem Aspas**, Araraquara, v.6, n.2, 2017. Disponível em: https://periodicos.fclar.unesp.br/semaspas/article/view/11196/7213. Acesso em: 10 mai. 2021.

FORTUNATO, I. Ainda É Preciso Ter Cuidado: escola?! **InterScience Place**. Campos dos Goytacazes, v. 11, n. 2, 2016. Disponível em: http://www.interscienceplace.org/isp/index.php/isp/article/view/515/360. Acesso em: 10 mai. 2021.

FRANCA, L. **O método pedagógico dos jesuítas**. Rio de Janeiro: Agir, 1952.

GADOTTI, M. **Qualidade na educação: uma nova abordagem**. São Paulo: Editora e Livraria Instituto Paulo Freire, 2010. Disponível em: http://acervo.paulofreire.org:8080/jspui/bitstream/7891/3086/1/FPF_PTPF_12_084.pdf. Acesso em: 13 dez. 2020.

GATTI, B. **Avaliação e Qualidade da Educação**. [SI], 2007. Disponível em:http://www.diaadiaeducacao.pr.gov.br/portals/seminariopde/documentos/processo5-para_saber_mais_bernadete_gatti.pdf. Acesso em: 28 jun. 2020.

GOODMAN, Paul. **Compulsory Miseducation**. U.K.: Horizon Press: 1964.

GOUVEIA, M. C. S. Tempos de aprender: a produção histórica da idade escolar. **Revista Brasileira de História da Educação**, Maringá, n. 8, 2004. Acesso em: https://periodicos.uem.br/ojs/index.php/rbhe/article/view/38690/20219. Disponível em: 19 nov. 2020.

GOYENA SOARES, R. **História do Brasil I: o tempo das monarquias**. São Paulo: Saraiva, 2016a.

GOYENA SOARES, R. **História do Brasil II: o tempo das repúblicas**. São Paulo: Saraiva, 2016b.

HANSEN, J. A. **Manuel da Nóbrega**. Recife: Massangana, 2010.

IGNÁCIO DE LOYOLA (Santo). **Constituições da Companhia de Jesus e normas complementares**. São Paulo: Loyola, 1997.

LIBÂNEO, J. C. O Dualismo Perverso da Escola Pública Brasileira: escola do conhecimento para os ricos, escola do acolhimento social para os pobres. **Educação e Pesquisa**, São Paulo, v. 38, n. 1, 2012. Disponível em: https://www.scielo.br/pdf/ep/v38n1/aop323.pdf. Acesso em: 10 mai. 2021.

LYRA, C. **As quarenta horas de Angicos: uma experiência pioneira de educação.** São Paulo: Cortez, 1996.

LOURENÇO FILHO, M. B. **A Pedagogia de Rui Barbosa**. São Paulo: Melhoramentos, 1954.

MANACORDA, M. A. **História da Educação: da antiguidade aos nossos dias**. 3ª ed. São Paulo: Cortez: Autores Associados, 1992.

MARSIGLIA, A. C. G.; LAVOURA, T. N.; MARTINS, L. M. **Fundamentos da**

didática histórico-crítica. Campinas: Autores Associados, 2019.

MARTINS, P. P. U. **Políticas Públicas de Avaliação na Perspectiva Docente: desdobramentos da Provinha Brasil, Prova Brasil e SARESP para o trabalho de professores dos anos iniciais do ensino fundamental**. 2015. Dissertação (mestrado em Educação) – Universidade Federal de São Carlos, São

Carlos/SP, 2015. Disponível em: https://repositorio.ufscar.br/bitstream/handle/ufscar/2759/6642.pdf?sequence=1&isAllowed=y. Acesso em: 19 nov. 2020.

MIRANDA, M. G. Sobre Tempos e Espaços da Escola: do princípio do conhecimento ao princípio da socialidade. **Educ. Soc.**, Campinas, v. 26, n. 91, 2005. Disponível em: https://www.scielo.br/pdf/es/v26n91/a17v2691.pdf. Acesso em: 19 nov. 2020.

PALMA FILHO, J. C. (org.). **Pedagogia Cidadã**. Cadernos de Formação. História da Educação. 3. ed. São Paulo: Santa Clara, 2005.

PARENTE, C. M. D. **A Construção dos Tempos Escolares: possibilidades e alternativas plurais**. 2006. Tese (doutorado em Educação) – Universidade Estadual de Campinas, Campinas/SP, 2006. Disponível em: http://repositorio.unicamp.br/jspui/bitstream/REPOSIP/252920/1/Parente_ClaudiadaMotaDaros_D.pdf. Acesso em: 19 nov. 2020.

PARENTE, C. M. D. A Construção dos Tempos Escolares. **Educação em Revista**, Belo Horizonte, v.26, n.02, 2010. Disponível em: https://www.scielo.br/pdf/edur/v26n2/a07v26n2.pdf. Acesso: 10 mai. 2021.

PESSANHA, E. C.; SILVA, F. C. T. Tempos, espaços e organização do trabalho escolar em três expressões de governos autoritários brasileiros: 1931, 1961 e 1971 – estudo histórico-jurídico comparado do Ensino Secundário. **Educar em Revista**, Curitiba, n. 51, p. 67-83, 2014. Disponível em: https://www.scielo.br/pdf/er/n51/n51a06.pdf. Acesso em: 19 nov. 2020.

RIBEIRO, M. L. S. **História da educação brasileira: organização escolar**. 12 ed. São Paulo: Cortez, 1992.

ROMANELLI, O. O. **História da educação no Brasil**. 8. ed. Petrópolis: Vozes, 1986.

SHIGUNOV NETO, A. **História da educação brasileira: do período colonial ao predomínio das políticas educacionais neoliberais**. São Paulo: Salta, 2015.

SOARES, J. C. Os professores do Colégio Pedro II: categorias, trajetórias e aspectos identitários (1925-1945). **Rev. Bras. Hist. Educ.**, Maringá, v. 15, n. 3 (39), 2015. Disponível em: https://periodicos.uem.br/ojs/index.php/rbhe/article/view/40792/pdf_84. Acesso em: 19 nov. 2020.

SOARES, J. I. **Qualidade da Educação: sentidos discursivos e projetos de formação docente**. 2016. Dissertação (Mestrado em Educação) – Universidade Federal de Goiás, Goiânia, 2016. Disponível em: https://repositorio.bc.ufg.br/tede/bitstream/tede/6471/5/Disserta%c3%a7%c3%a3o%20-%20Jackeline%20Imp%c3%a9rio%20Soares%20-%202016.pdf.

Acesso: 19 nov. 2020.

SOUZA, S. B. **Formulação da bonificação por resultados paulista: análise de arenas e redes políticas**. 2018. Dissertação (mestrado em Educação) - Faculdade de Educação, Universidade Estadual de Campinas, Campinas, 2019. Disponível em: http://repositorio.unicamp.br/jspui/bitstream/REPOSIP/333694/1/Souza_SuelenBatistaDe_M.pdf. Acesso: 19 nov. 2020.

TEIXEIRA, I. A. C; LEAL, A. A. Arquitetura dos Tempos Escolares - os calendários e horários. 2009. Disponível em: https://www.anpae.org.br/simposio2009/131.pdf. Acesso em: 23 out. 2020

THOMPSON, E. P. Tempo, disciplina de trabalho e o capitalismo industrial. In: THOMPSON, E. P. Costumes em comum. São Paulo: Cia das Letras, 1998.

ZOTTI, S. A. O Ensino Secundário no Império Brasileiro: considerações sobre a função social e o currículo do Colégio D. Pedro. Revista HISTEDBR On-line, Campinas, n.18, 2005. Disponível em: https://fe-old.fe.unicamp.br/pf-fe/publicacao/4800/art04_18.pdf. Acesso em: 19 nov. 2020.

LEGISLAÇÃO CONSULTADA

BRASIL. **Decreto n. 1.331-A, de 17 de fevereiro de 1854**. Approva o Regulamento para a reforma do ensino primario e secundario do Municipio da Côrte. Disponível em: https://www2.camara.leg.br/legin/fed/decret/1824-1899/decreto-1331-a-17-fevereiro-1854-590146-publicacaooriginal-115292-pe.html. Acesso em: 25 mar. 2020.

BRASIL. **Decreto n. 1.556, de 17 de fevereiro de 1855**. Approva o Regulamento do Collegio de Pedro Segundo. Disponível em: https://www2.camara.leg.br/legin/fed/decret/1824-1899/decreto-1556-17-fevereiro-1855-558426-publicacaooriginal-79672-pe.html. Acesso em: 25 mar. 2020.

BRASIL. **Decreto n. 7.247, de 19 de abril de 1879**. Reforma o ensino primario e secundario no municipio da Côrte e o superior em todo o Imperio. Disponível em: https://www2.camara.leg.br/legin/fed/decret/1824-1899/decreto-7247-19-abril-1879-547933-publicacaooriginal-62862-pe.html. Acesso em: 25 mar. 2020.

BRASIL. **Decreto n. 981, de 8 de novembro de 1890**. Approva o Regulamento da Instrucção Primaria e Secundaria do Districto Federal. Disponível em: https://www2.camara.leg.br/legin/fed/decret/1824-1899/decreto-981-8-novembro-1890-515376-publicacaooriginal-1-pe.html. Acesso em: 25 mar. 2020.

BRASIL. **Decreto n. 3.890, de 1º de janeiro de 1901**. Approva o Codigo dos Institutos Officiaes de Ensino Superior e Secundario, dependentes do Ministerio da Justiça e Negocios Interiores. Disponível em: https://www2.camara.leg.br/legin/fed/decret/1900-1909/decreto-3890-1-janeiro-1901-521287-publicacaooriginal-1-pe.html#:~:text=Approva%20o%20Codigo%20dos%20Institutos,da%20Justi%C3%A7a%20e%20Negocios%20Interiores. Acesso em: 25 mar. 2020.

BRASIL. **Decreto n. 3.914, de 26 de janeiro de 1901**. Approva o regulamento para o Gymnasio Nacional. Disponível em: https://www2.camara.leg.br/legin/fed/decret/1900-1909/decreto-3914-26-janeiro-1901-503356-norma-pe.html. Acesso em: 25 mar. 2020.

BRASIL. **Decreto n. 155-B, de 14 de janeiro de 1890**. Declara os dias de festa nacional. Disponível em: http://www.planalto.gov.br/ccivil_03/decreto/1851-1899/D155-B.htm#:~:text=D155%2DB&text=DECRETO%20N%C2%BA%20155%2DB%2C%20DE%2014%20DE%20JANEIRO%20DE%201890.&text=Declara%20os%20dias%20de%20festa%20nacional. Acesso em: 25 mar. 2020.

BRASIL. **Decreto n. 11.530, de 18 de março de 1915**. Reorganiza o ensino secundario e o superior na Republica. Disponível em: https://www2.camara.leg.br/legin/fed/decret/1910-1919/decreto-11530-18-marco-1915-522019-republicacao-97760-pe.html. Acesso em: 25 mar. 2020.

BRASIL. **Decreto nº 16.782-A, de 13 de janeiro de 1925**. Estabelece o concurso da União para a diffusão do ensino primario, organiza o Departamento Nacional do Ensino, reforma o ensino secundario e o superior e dá outras providencias. Disponível em: https://www2.camara.leg.br/legin/fed/decret/1920-1929/decreto-16782-a-13-janeiro-1925-517461-publicacaooriginal-1-pe.html. Acesso em: 25 mar. 2020.

BRASIL. **Decreto nº 19.890, de 18 de abril de 1931**. Dispõe sobre a organização do ensino secundário. Disponível em: https://www2.camara.leg.br/legin/fed/decret/1930-1939/decreto-19890-18-abril-1931-504631-publicacaooriginal-141245-pe.html. Acesso em: 25 mar. 2020.

BRASIL. **Decreto-lei nº 4.244, de 9 de abril de 1942**. Lei orgânica do ensino secundário. Disponível em: https://www2.camara.leg.br/legin/fed/declei/1940-1949/decreto-lei-4244-9-abril-1942-414155-publicacaooriginal-1-pe.html. Acesso em: 25 mar. 2020.

BRASIL. **Decreto-lei nº 8.347, de 10 de dezembro de 1945**. Dá nova redação aos arts. 5º, 15, 19, 20, 24, 25, 28, 35, 36, 38, 39, 43, 45, 49, 50, 51, 85, 88 e 91 do Decreto-Lei n. 4244, de 9 de abril de 1942. Disponível em:

https://www2.camara.leg.br/legin/fed/declei/1940-1949/decreto-lei-8347-10-dezembro-1945-416352-publicacaooriginal-1-pe.html#:~:text=D%C3%A1%20nova%20reda%C3%A7%C3%A3o%20aos%20arts,9%20de%20abril%20de%201942. Acesso em: 25 mar. 2020.

BRASIL. **Decreto-lei nº 8.529, de 2 de janeiro de 1946**. Lei Orgânica do Ensino Primário. Disponível em: https://www2.camara.leg.br/legin/fed/declei/1940-1949/decreto-lei-8529-2-janeiro-1946-458442-publicacaooriginal-1-pe.html#:~:text=Lei%20Org%C3%A2nica%20do%20Ensino%20Prim%C3%A1rio.&text=elevar%20o%20n%C3%ADvel%20dos%20conhecimentos,e%20%C3%A0%20inicia%C3%A7%C3%A3o%20no%20trabalho.&text=o%20ensino%20prim%C3%A1rio%20supletivo%2C%20destinado%20aos%20adolescentes%20e%20adultos. Acesso em: 25 mar. 2020.

BRASIL. **Lei n. 4.024, de 20 de dezembro de 1961**. Lei de Diretrizes e Bases da Educação Nacional. Fixa as Diretrizes e Bases da Educação Nacional. Disponível em: https://www2.camara.leg.br/legin/fed/lei/1960-1969/lei-4024-

-20-dezembro-1961-353722-normaatualizada-pl.pdf. Acesso em: 25 mar. 2020.

BRASIL. **Lei n. 5692, de 11 de agosto de 1971**. Lei de Diretrizes e Bases da Educação Nacional. Fixa diretrizes e bases para o ensino de 1º e 2º graus, e dá outras providências. Disponível em: https://www2.camara.leg.br/legin/fed/lei/1970-1979/lei-5692-11-agosto-1971-357752-publicacaooriginal-1-pl.html. Acesso em: 25 mar. 2020.

BRASIL. **Constituição (1988)**. Constituição da República Federativa do Brasil de 1988. Disponível em: http://www.planalto.gov.br/ccivil_03/constituicao/constituicao.htm. Acesso em: 25 mar. 2014.

BRASIL. **Plano decenal de educação para todos.** Brasília: MEC, 1993. Disponível em: http://www.dominiopublico.gov.br/download/texto/me001523.pdf. Acesso em 13 dez. 2020.

BRASIL. **Lei n. 9.394, de 20 de dezembro de 1996**. Lei de Diretrizes e Bases da Educação Nacional. Estabelece as diretrizes e bases da educação nacional. Disponível em: https://www2.camara.leg.br/legin/fed/lei/1996/lei-9394-20-dezembro-1996-362578-publicacaooriginal-1-pl.html. Acesso em: 25 mar. 2020.

BRASIL. Ministério da Educação e do Desporto. Conselho Nacional de Educação. Câmara da Educação Básica. **Resolução n. 2, de 7 abril de 1998.** Institui as Diretrizes Curriculares Nacionais para o Ensino Fundamental. Diário Oficial da União. Brasília, DF, 15 abr. 1998a. Disponível em: http://portal.mec.gov.br/dmdocuments/resolucao_ceb_0298.pdf. Acesso em: 13 dez. 2020

BRASIL. Ministério da Educação e do Desporto. Conselho Nacional de Educação. Câmara de Educação Básica. **Parecer CEB n. 4/98**. Diretrizes Curriculares Nacionais para o Ensino Fundamental. Brasília, DF: MEC/CNE, 1998b.

Disponível em: http://portal.mec.gov.br/cne/arquivos/pdf/1998/pceb004_98.pdf. Acesso em: 13 dez. 2020.

BRASIL. Ministério da Educação e do Desporto. Secretaria de Educação Fundamental. **Parâmetros Curriculares Nacionais Terceiro e Quarto Ciclos do Ensino Fundamental: introdução aos parâmetros curriculares nacionais**. Brasília, DF: MEC/SEF, 1998c. Disponível em: http://portal.mec.gov.br/seb/arquivos/pdf/introducao.pdf. Acesso em 13 dez. 2020.

BRASIL. **Base Nacional Comum Curricular**. Brasília, BR. Ministério da Educação Conselho Nacional de Educação Conselho Pleno, 2017. Disponível em: http://basenacionalcomum.mec.gov.br/. Acesso em: 12 de fev. 2020.

BRASIL. INEP. **Censo da Educação Básica/2019**: Resumo técnico. Brasília, 2020. Disponível em http://portal.inep.gov.br/informacao-da-publicacao/-/asset_publisher/6JYIsGMAMkW1/document/id/6798882. Acesso em 27 fev. 2020.

BRASIL. **Parecer CNE/CP 5/2020**. Disponível em: http://portal.mec.gov.br/index.php?option=com_docman&view=download&alias=14511-pcp005-20&category_slud=marco-2020-pdf&Itemid=30192. Acesso em: 28 jun. 2020.

MATO GROSSO. **Decreto n. 417, de 11 de janeiro de 1916**. Dá novo regulamento ao Liceu Cuiabana. Disponível em: https://gem.ufmt.br/gem/sistema/arquivos/19061211013401.pdf. Acesso em: 13 dez. 2020.

SÃO PAULO (Estado). **Decreto n. 248, de 26 de julho de 1894**. Approva o regimento interno das escolas publicas. Disponível em: https://www.al.sp.gov.br/repositorio/legislacao/decreto/1894/decreto-248-26.07.1894.html. Acesso em: 25 mar. 2020.

UNESCO. **Declaração Mundial sobre Educação Para Todos**. (1990). Tailândia. Disponível em: https://www.unicef.org/brazil/declaracao-mundial-sobre-educacao-para-todos-conferencia-de-jomtien-1990. Acesso em: 10 set. de 2020.

Impressão e acabamento
Gráfica da Editora Ciência Moderna Ltda.
Tel: (21) 2201-6662